NOTICE HISTORIQUE

SUR LA

CONGRÉGATION DES RELIGIEUSES

DE

L'IMMACULÉE-CONCEPTION

D'AVIGNON

D'APRÈS DES DOCUMENTS INÉDITS

(1750-1888)

AVIGNON

FRANÇOIS SEGUIN, IMPRIMEUR-ÉDITEUR

41, rue Bouquerie, 41

—

1897

ESSAI HISTORIQUE
SUR LA
CONGRÉGATION DES RELIGIEUSES
DE L'IMMACULÉE-CONCEPTION
D'AVIGNON

Vu et permis d'imprimer.

Avignon, le 14 novembre 1896.

Redon, *v. g.*

ESSAI HISTORIQUE

SUR LA

CONGRÉGATION DES RELIGIEUSES

DE

L'IMMACULÉE-CONCEPTION

D'AVIGNON

D'APRÈS DES DOCUMENTS INÉDITS

(1750-1888)

AVIGNON

FRANÇOIS SEGUIN, IMPRIMEUR-ÉDITEUR

11, rue Bouquerie, 11

—

1897

DÉDICACE

O Marie, Vierge immaculée, mère et patronne de la congrégation religieuse dans laquelle Jésus votre divin Fils a bien voulu m'appeler, malgré mon indignité, je viens déposer à vos pieds ces pages écrites sous votre regard maternel.

Daignez, ô Vierge sainte, les bénir ; daignez bénir et protéger sans cesse tous ceux dont les encouragements pleins de bienveillance ont facilité ma tâche. Bénissez aussi, ô ma divine Mère, toutes mes chères compagnes ; je leur lègue ce modeste travail, comme pieux souvenir de famille et unique héritage, vous suppliant, ô Vierge immaculée, d'écouter favorablement les prières qu'elles voudront bien vous adresser pour les besoins de ma pauvre âme.

Ainsi soit-il.

En la fête du saint Rosaire.
Avignon, le 4 octobre 1896.

PREMIERE PARTIE

LE FONDATEUR

Un des plus saints prêtres dont le diocèse d'Avignon ait conservé la mémoire a été l'instrument dont la divine Providence s'est servie pour fonder la congrégation des Filles de la Conception.

Avant d'entrer dans aucun détail, faisons d'abord connaître le fondateur.

I

Sa Jeunesse

Messire Henri-François-Hyacinthe d'Hugues sortait d'une de ces familles patriarcales où l'esprit chrétien, la probité et autres vertus sociales étaient héréditaires. Plusieurs de ses membres l'ont honorée dans le clergé, les charges publiques et les carrières libérales. Tous ont témoigné, soit dans leur vie privée, soit dans l'accomplissement des fonctions qui leur étaient confiées, un sincère attachement à la sainte Église romaine, base des vrais principes de l'honnêteté et de la liberté.

Vers le milieu du dernier siècle, un membre de cette famille éminemment chrétienne, M. Louis-François-Hyacinthe d'Hugues, de Sérignan, jeune homme doué de qualités remarquables, s'unissait par un lien indissoluble et sacré à Mlle Angélique Fabry, personne de grande vertu, dont le père était notaire à Piolenc.

Les jeunes époux fixèrent leur résidence dans cette localité, où plus tard M. d'Hugues succéda à son beau-père, en se chargeant du notariat.

Dieu se plut à bénir leur union par la naissance de plusieurs enfants, dont trois fils et deux filles, tous imitateurs des vertus de leur père, et partant dignes de leur pieuse mère. Le plus jeune, Henri-François-Hyacinthe, né le 14 juin 1750, semblait prédestiné aux grandes choses.

D'un caractère ardent, presque impétueux, ses saillies enfantines, sa pétulance, enfin ses à-propos charmants, même dans les petits démêlés ordinaires entre frères et sœurs, dénotaient dès son enfance un esprit supérieur, un cœur noble, une âme virile.

Toutes ces qualités natives faisaient présager dans le jeune Hyacinthe l'homme généreux, intelligent et probe, tant il est vrai que la divine Providence prépare de longue main ceux qu'elle se choisit.

Sous la douce autorité et l'œil vigilant d'un père foncièrement chrétien, l'enfant grandissait, ses facultés intellectuelles se développaient avec le sentiment religieux qu'imprimait dans cette âme innocente la vraie tendresse maternelle.

Hyacinthe n'était point léger, comme les enfants de son âge ; après sa première communion, ses parents songèrent à lui faire aborder les études sérieuses.

Un de ses oncles, le Révérend Père d'Hugues (1), jésuite, était recteur du collège d'Avignon. C'est dans cet asile de piété et de science que M. et Mme d'Hugues placèrent leur fils, assurés de servir ses goûts pour l'étude et la retraite. Ce fut un des meilleurs élèves du collège.

A l'âge de quatorze ans, ses supérieurs, découvrant déjà en lui des marques certaines de vocation à l'état religieux, jugèrent à propos de lui faire franchir les premiers degrés de la cléricature. Tout porte à croire qu'il fut tonsuré par l'évêque d'Avignon, après avoir reçu

(1) Né à Sériguan, à la fin de l'année 1696.

la lettre dimissoire de son ordinaire, Mgr de Tilly Roussel, évêque d'Orange (3 avril 1764).

On peut se figurer ce que devint le pieux adolescent, si bien doué, au contact du vénérable religieux, sous la direction d'habiles maîtres et en compagnie de nombreux élèves animés d'une même ardeur pour atteindre le double but de la science et de la vertu.

Ses études étaient couronnées de succès. Les Jésuites étant les adversaires les plus ardents des jansénistes, condamnés par le pape Clément XI, en 1713, le jeune scolastique puisa dans cet établissement une doctrine saine, en tout conforme à l'enseignement de l'Église.

La vie du vertueux jeune homme s'écoulait calme et limpide comme un ruisseau dans une solitude ombragée ; chaque journée était remplie par la prière, l'étude et d'innocentes récréations. Le bonheur qu'il goûtait au collège eut une trop courte durée.

Un arrêt du Parlement, du 6 août 1762, supprima l'institut des Jésuites et ordonna la vente de leurs biens. Louis XV, par un édit du 26 novembre 1764, confirma cet arrêt et déclara que l'ordre cessait d'exister dans le royaume.

Plusieurs membres de cette compagnie se **réfugièrent** à Avignon, encore sous la domination des papes ; mais l'occupation des troupes françaises, résultat de querelles incessantes entre le trône et la papauté (1768), fut pour eux un épouvantail. Se croyant poursuivis par le roi de France et connaissant du reste ses prétentions sur le Comtat, ils résolurent d'abandonner Avignon, leur dernier refuge (1).

Les uns entrèrent dans leur diocèse ; d'autres, retirés dans leur famille, y exercèrent une sorte d'apostolat : le R. P. d'Hugues fut du nombre de ces derniers. Il amena son neveu à Piolenc. Les parents d'Hyacinthe, touchés et attendris, les reçurent avec la plus affectueuse cordialité.

Cet événement douloureux n'éteignit pas le désir ardent qu'avait le pieux jeune homme d'embrasser l'état religieux. Toutes ses aspirations étaient là. Dans ce but, dès son retour dans la maison paternelle, il se constitua le disciple soumis du vénérable religieux, homme très érudit, dont les soins intelligents hâtèrent ses progrès.

Tout triste de se retrouver au milieu du monde et quoique jeune encore, il ne se dissimula point les difficultés innombrables qui l'empêchaient d'atteindre son but. Adorant les desseins de la divine Providence, il prit

---

(1) Mémoires de l'abbé de Véras ; voir à l'appendice.

la résolution d'entrer dans le clergé séculier. On verra plus tard combien cette vocation était véritablement la sienne.

Encore tout imprégné des beaux exemples de vertu qui l'avaient édifié chez les Jésuites d'Avignon et guidé dans les voies spirituelles par le vénérable Père d'Hugues, sa marche vers la perfection s'accélérait tous les jours davantage.

Notre jeune lévite avançait constamment, par l'oraison et l'étude, vers la sublime carrière que l'Esprit-Saint lui avait inspiré d'embrasser. Promu graduellement, selon les prescriptions des saints canons, aux divers ordres auxquels il lui était donné de prendre part, il se préparait chaque fois d'une manière plus sérieuse à recevoir celui dont il était trouvé digne.

Avec quel bonheur ne voyait-il pas arriver l'heureux moment où de ses mains consacrées il pourrait offrir à Dieu le Père la précieuse Victime de nos autels ! Le jour appelé par tant de vœux arriva enfin. Le samedi, veille de la Sainte Trinité 1774, fut une fête incomparable pour toute sa famille si chrétienne, si heureuse du bonheur de ce cher fils.

II

Son Sacerdoce

Le nouveau prêtre donna les prémices de son sacerdoce à Piolenc, son pays natal. Était-ce parce que la paroisse n'avait pas de vicaire ? L'autorité diocésaine eut-elle d'autres vues ? Nous l'ignorons ; mais il est certain que la tradition de famille le fait collaborateur désintéressé et sans titre de M. l'abbé Corsin, curé de Piolenc, auquel il succéda dans la charge pastorale en novembre 1780, comme le relate le registre de la paroisse à cette époque.

Peu après sa nomination à la cure de Piolenc, il eut la douleur de perdre sa vertueuse mère, décédée à l'âge de cinquante-huit ans.

Le jeune prêtre sut si bien mériter l'estime de ses compatriotes, que, bien loin de voir dans sa qualité d'enfant du pays un obstacle aux succès de son ministère, ceux-ci n'y virent qu'un titre de plus à leur confiance.

Animé d'une ardeur nouvelle pour tous les devoirs du saint ministère et soutenu dans les difficultés par son oncle vénérable, il déploya toutes les ressources dont la grâce et la nature l'avaient enrichi.

Les doctrines subversives et erronées de certains philosophes avaient considérablement affaibli l'esprit chrétien, en jetant dans l'indifférence et même dans l'impiété un grand nombre de catholiques. Le nouveau desservant gémissait au fond du cœur de ce délabrement moral ; dès lors il entreprit une lutte vigoureuse contre les restes trop vivaces du jansénisme, soit par des prédications, soit par des entretiens particuliers.

Pour arriver à ses fins, il établit l'usage de faire en commun dans l'église paroissiale la prière du matin et la méditation avant la sainte messe, et le soir, à la tombée de la nuit, on ajoutait à la prière la récitation du chapelet. Lui-même présidait ces pieux exercices, lesquels étaient généralement très suivis.

Un changement notable s'était opéré parmi les fidèles lorsque survinrent les événements de 1789.

Les idées paradoxales de Jean-Jacques Rousseau, la philosophie anti-religieuse de Voltaire et les productions malsaines de Diderot avaient pénétré jusque dans les hameaux les plus reculés. Le peuple, surtout le petit peuple crédule, s'était laissé séduire par les opinions extravagantes de l'école rationaliste, qui en sapant les bases de la religion, minaient aussi sourdement celles de la société.

La Révolution roulait ses flots tumultueux comme un torrent dévastateur précipitant sa course vagabonde : l'esprit de réforme d'abord, puis l'anarchie, enfin la proscription de tout ce qu'il y avait de saint et de respectable, amenèrent une telle perturbation dans les esprits, que la noblesse, le clergé et bon nombre de familles chrétiennes furent contraints de fuir afin de se soustraire aux fureurs de l'impiété triomphante.

Pour le prêtre catholique qui refusait de prêter le serment civil, c'était l'exil ou la mort (1790).

III

L'Exil

Le 24 août 1792, l'officier civil envoyé par le gouvernement de la République vint installer à Piolenc un prêtre assermenté, Armand Bruyère. Mis en demeure de se retirer et cédant aux sollicitations de ses parents et de ses amis, M. d'Hugues opta pour l'exil, non par crainte de la mort, car le juste est toujours prêt, mais dans l'espérance de travailler encore, après la tourmente, au salut des âmes. Il choisit la Ville éternelle, comme le pays qui paraissait offrir le plus de sécurité aux émigrants.

L'approche de son départ semblait augmenter son amour pour une population dont la douleur égalait la sienne et qu'il laissait exposée à mille dangers divers : c'était l'affliction poignante d'une mère tendre quittant sa famille pour lui sauver la vie ; c'étaient les déchirements de cœur chez des enfants qui voient s'éloigner dans l'inconnu un père bien-aimé.

Il fallait songer non seulement à franchir la frontière, mais à se pourvoir de tout pendant le voyage, et s'assurer des moyens d'existence dans la contrée hospitalière, pour un laps de temps illimité.

Le modeste desservant ne pouvait compter sur ses propres ressources ; sa louable coutume de donner aux pauvres tous ses revenus ne lui avait pas permis de retenir ces sages réserves que la prudence humaine semble conseiller ; mais ses paroissiens, dont il avait été lui-même la Providence, et ses proches parents vinrent à son secours : un bon nombre d'entre eux lui apportèrent quelques pièces d'or. L'intelligent fugitif les transforma en boutons de redingote, après les avoir soigneusement recouvertes d'une étoffe noire.

Le lendemain 25 août 1792, il partait pour Rome avec M. l'abbé Antoine Biscarrat, son vicaire, et M. Roux, chanoine et curé de la Principale (Pénitents blancs), à Avignon, ne soupçonnant pas que plusieurs membres de sa famille subiraient la prison à cause de sa fuite.

Arrivé sur la terre étrangère, le vaillant émigré ne pouvait demeurer oisif. Or, afin de n'importuner personne, il sut utiliser son instruction, voire même son saint ministère, travaillant et priant pour le salut de son infortuné pays, tombé dans la plus profonde dégradation morale.

Durant son émigration les affaires religieuses et politiques se compliquaient de plus en plus dans notre pays : le régime de la Térreur arriva avec tout son odieux cortège d'atrocités. Le féroce Robespierre avait donné des ordres sanguinaires dans toute la France.

A Orange plusieurs hôtels et édifices publics furent transformés en prisons. Tous les catholiques appelés suspects, qui n'avaient pas voulu souscrire aux décrets de l'Assemblée nationale et de l'Assemblée législative, furent mis au nombre des prévenus : ils devaient peupler les maisons de détention.

Le Révérend Père d'Hugues de la Compagnie de Jésus, dont il est parlé plus haut fut un des premiers écroués à la prison de la Baronne (1), à cause de ses convictions ultramontaines. Ce vénérable vieillard édifiait par sa piété ses compagnons d'infortune et les aidait à bien mourir.

M. Hyacinthe d'Hugues père, âgé de quatre-vingt-neuf ans, et Mme Granier, née d'Hugues, sa fille, âgée de trente-six ans, furent aussi emprisonnés le 5 Octobre 1793.

Deux jours après (8 octobre), M. Antoine-François-Joseph d'Hugues, notaire à Uchaux, âgé de quarante-huit ans, fut transféré de la prison d'Avignon à celle d'Orange, où il eut la douleur de trouver son père et son oncle parmi les détenus.

Sa sœur, Mme Granier (2) Rose d'Hugues, était enfermée à la prison de la Cure avec d'autres femmes déclarées suspectes ; ils avaient tous comparu devant le tribunal révolutionnaire le 4 avril 1794, et furent incarcérés sous la folle inculpation d'être proches parents d'un émigré (3).

Au commencement de leur captivité, ces

---

(1) Hôtel de la baronne de Saunier, qui avait émigré, rue de Langes, 39.

(2) Épouse d'Alexis Granier.

(3) Archives de Piolenc.

innocents détenus avaient la liberté de recevoir la visite de leurs parents et amis, d'accepter des provisions de bouche ou de linge, d'écrire des lettres, etc., etc. La commission populaire s'émut des suites que pourrait avoir cette liberté ; elle craignit pour le salut de la République. Dès lors les rapports extérieurs furent rigoureusement interdits. Les sbires (1) avaient ordre de n'introduire que l'officier de santé. Les paquets étaient examinés scrupuleusement, les lettres décachetées et parfois interceptées, etc.

Au fond de son exil, M. le Curé de Piolenc avait appris tous ces désastres avec une poignante douleur, en voyant par l'esprit, et à cause de lui, gémir dans la prison un père, un frère, une sœur et un oncle tendrement aimés.

Quelle torture! Que de larmes il dut verser et combien durent être ferventes ses prières pour ces êtres chéris, éprouvés par la persécution !...

IV

Retour en France, vicissitudes

Après plus de deux ans de cette vie tourmentée, et ayant épuisé ses minces ressources, il reprit le chemin de la France. Ce fut alors

(1) Urlot et Gouisset.

que, pour suffire aux besoins les plus pressants de la vie, il dut vendre sa montre en or et rentrer comme un vrai pauvre dans son pays. Ses chers prisonniers, c'est-à-dire son père, sa sœur (1) et son oncle l'y attendaient (2).

Le vénérable Père d'Hugues, presque centenaire, devint dès lors l'humble collaborateur de son neveu. Ils exerçaient timidement et secrètement le saint ministère, car l'orage destructeur abattu sur la France n'avait point encore son arc-en-ciel. Les églises étaient fermées, une grande réserve était donc nécessaire pour ne point éveiller les haines invétérées d'un peuple sans foi et sans honneur.

Durant cette cruelle période, M. le Curé de Piolenc, pour échapper aux poursuites des révolutionnaires, se cachait dans les antres des montagnes, dans les mines, dans les granges, paraissant tour à tour sous l'aspect d'un charbonnier, d'un meunier ou d'un vigneron, etc., et pénétrant, à l'aide de ce travestissement, là où il savait que son ministère serait religieusement accepté. Il leur disait tout bas : « N'avez-vous point d'enfants à baptiser, de malades à administrer ? »

Aucun jour ne se passait sans qu'il fît quel-

---

(1) Madeleine d'Hugues, sortie forcément de son couvent de la Visitation.
(2) Son frère Antoine retourna à Uchaux.

que œuvre de zèle, consolant les affligés, exhortant les malades à souffrir pour l'amour de Dieu et enseignant la Doctrine chrétienne aux enfants, dont les mères déploraient l'ignorance. Il bénissait les mariages dans les caves, baptisait les nouveau-nés, ayant bien soin de n'être point découvert.

Un autel était dressé dans une pièce de la maison paternelle, appelée pour ce motif chambre des anges. L'oncle et le neveu y célébraient les saints mystères.

Nul doute que la pieuse visitandine ne tînt dans la plus grande décence et l'ordre le plus parfait l'autel où descendait chaque jour l'auguste Victime, chassée des saints tabernacles par des mains impies et sacrilèges.

Dans un coin de cette chambre on avait pratiqué une ouverture dissimulée par un meuble facile à enlever. Pendant que les révolutionnaires cherchaient M. d'Hugues dans sa maison, il s'échappait par là. Quelquefois il traversait le Rhône dans une petite barque et allait s'abriter chez ses parents et ses amis de St-Étienne-des-Sorts ou de Vénéjan, puis il rentrait à la faveur des ténèbres ou d'un déguisement quelconque.

Un jour dans la grange du nommé Clément (quartier des Béziers), où il recevait une hospitalité gracieuse et pleine de foi, les agents de Robespierre entrèrent, le sabre levé, comme des furieux. Croyant leur victime cachée sous le foin, l'un d'eux y enfonça son arme et, sentant une résistance, il s'écria : « Nous le tenons le gros d'Hugues (1). » Mais ils furent bien déçus en voyant que l'objet de cette résistance n'était autre qu'une claie pour les vers à soie.

Une autre fois, dans la même maison, M. d'Hugues se rasait, vêtu d'un pantalon de cordéliat gris (sorte de cadis) et en corps de chemise, lorsque les ennemis entrèrent précipitamment dans la chambre pour le saisir. Le courageux fugitif, sans paraître troublé, continua sa toilette et par cette ferme contenance il échappa à leur fureur : ils ne le reconnurent point.

Quelque temps après, étant retiré dans son domicile, il entendit, au milieu d'une nuit sombre, frapper à coups redoublés à la porte extérieure. La servante comprit et, au lieu d'ouvrir à ces forcenés, elle courut avertir son maître du danger qui le menaçait. « N'ouvrez pas, répondit M. d'Hugues, donnez-moi le temps de fuir. » Et se levant aussitôt, il s'échappa par une porte à coulisse ménagée à dessein au fond d'un bureau. Cette ouverture, comme celle de la chambre des anges, lui per-

(1) Lou tenen lou gros d'Hugo !

mettait de s'évader. Ce procédé original avait réussi plusieurs fois : la divine Providence voulait garder encore son serviteur.

Cependant ces méchants hommes attendaient en frappant, et en vociférant, qu'on leur ouvrît la porte. L'ingénieuse servante découvrit le lit de son maître, ouvrit la fenêtre pour le faire refroidir et ne descendit que lorsque tout fut mis en ordre.

Toute tremblante, la bonne fille ouvrit la porte. La troupe furibonde se précipita dans l'escalier et força l'entrée de la chambre, qu'elle trouva, à son grand mécontentement, vide de son hôte habituel. Mais l'un de ces malheureux, plus hardi que les autres, passa les mains sous les couvertures et s'écria : « Il est encore chaud (1). »

Ignorant la cachette, ces prétendus patriotes, parcoururent toute la maison sans le trouver ; ils sortirent écumant de rage et accablant d'injures et de menaces la dévouée servante.

La chute de Robespierre ne jeta qu'une pâle lueur sur la France. Les émigrés de tous rangs revenaient de l'exil, mais les prêtres demeurés fidèles dans la résolution de ne point prêter le serment civique furent pour-

(1) Es encaro caou.

suivis de nouveau. On les persécutait avec violence comme en pleine Terreur ; ils furent contraints de fuir ou de se cacher encore.

M. d'Hugues se prêta de bonne grâce à recommencer la lutte contre l'enfer déchaîné. Nouvelles cachettes, nouveaux travestissements, en un mot toutes sortes de moyens étaient employés pour sauvegarder les débris de religion sauvés du naufrage. Dans plusieurs diocèses le clergé resté fidèle obtint du Saint-Siège un administrateur apostolique. Celui d'Orange fit de sages règlements pour la police du culte en ce temps de calamités.

Ce délégué du souverain pontife Pie VI renouvela les pouvoirs des prêtres insermentés et les engagea à surveiller, outre leur paroisse respective, celles du voisinage demeurées sans pasteur légitime.

L'ancien recteur de Piolenc, heureux de consumer sa vie pour la gloire de Dieu, se soumit scrupuleusement et avec persévérance à une autorité qui relevait directement de Rome.

Les mesures de prudence marquées au règlement pour le service religieux furent exactement gardées. Les offices avaient lieu dans son habitation, sans cloche ni chant, avec la participation exclusive des vrais fidèles dont la piété ne pouvait être mise en suspicion.

Le diocèse d'Orange venait d'être divisé en trois archiprêtrés : Orange, Piolenc et Camaret. M. d'Hugues, soucieux de suivre les conseils du délégué apostolique, étendit l'action de son zèle sur les paroisses voisines : Uchaux, Mornas, Mondragon et Lapalud.

V

Reprise du service religieux

Le 1ᵉʳ janvier 1795, il reprit la suite des registres paroissiaux, interrompue depuis 1789. A partir du 11 septembre 1795, les offices publics eurent lieu dans la chapelle des pénitents, l'église paroissiale ne pouvant servir à cause du mauvais état où elle était. Le 27, M. le Curé commença une suite d'instructions dogmatiques appropriées aux besoins de l'époque (1).

Les choses se passèrent ainsi jusqu'en 1798, époque à laquelle on cessa de faire des lois hostiles à la religion.

L'arrivée au pouvoir de Napoléon Bonaparte ouvrit en France un nouvel horizon.

On rendit les églises au culte ; la liturgie

---

(1) Premier prône : « Existence de Dieu. » L'original est conservé dans les archives de la congrégation.

romaine fut remise en honneur ; l'espoir d'un avenir heureux ranima la confiance des fidèles, heureux de pouvoir affirmer leur foi sans crainte de la mort.

Les vases sacrés, les statues, que de pieux laïques avaient soustraits au vandalisme révolutionnaire, furent rendus à leur destination ; néanmoins l'église de Piolenc était devenue si pauvre et si dénuée après le pillage que, s'il faut en croire les anciens, cette désolation dans le saint lieu arrachait à ceux qui en furent les témoins des larmes bien amères. M. d'Hugues, plus que tout autre, en était profondément affligé. Il voulait, avec l'exercice du culte, rétablir la décence dans la maison de Dieu.

Son cœur d'apôtre fit à son peuple un appel chaleureux, afin d'obtenir de la piété des fidèles les objets indispensables à la célébration des saints mystères. Le bon curé n'avait qu'à exprimer un désir : tout arrivait à point nommé. C'est ainsi qu'en 1800, la générosité des paroissiens lui permit de reconstruire le maître-autel, qui avait été brisé le jour de Pâques 1794 par la malice révolutionnaire (20 avril).

L'heureux desservant profita de cette éclaircie pour réhabiliter un grand nombre de mariages, contractés civilement ou bénis par des prêtres assermentés.

Au mois de juillet de la même année (1800), il y eut dans Piolenc et ses environs un grand mouvement, pour faire suppléer les cérémomonies du baptême administré en secret par de simples fidèles. C'étaient des enfants de tout âge, que leurs parents amenaient par troupes au bon pasteur. Ils venaient d'Uchaux, de Mornas, de Mondragon, etc., pays recommandés à sa vigilance par le délégué apostolique. La seule paroisse de Piolenc en a enregistré deux cent trente-deux, de 1795 à 1801.

Pour la cinquième fois la fidélité de M. d'Hugues aux enseignements de l'Église catholique fut mise à l'épreuve, le 10 février 1801. Le fait en est consigné de sa propre main, dans le registre des baptêmes et sépultures :

« Aujourd'hui nous avons reçu l'ordre de
« cesser nos fonctions ou d'être fidèle à la
« constitution de l'an VIII. Nous avons re-
« fusé. »

VI

Confrérie des Pénitents blancs

La dissolution de la confrérie des pénitents n'avait pas été une des moindres peines qui avaient brisé son cœur d'apôtre : il avait vu avec une immense douleur la spoliation de leur chapelle. Fort heureusement elle fut mise aux enchères et achetée par un fervent chrétien, M. Vincenty, qui la mit gracieusement à la disposition de M. le curé pour y célébrer les saints offices, en attendant que l'église paroissiale fût remise en état.

En 1802, le zélé pasteur fit appel à la foi virile de quelques anciens pénitents pour reconstituer la confrérie. On nomma un nouveau recteur, M. Rey ; d'autres confrères se réunirent aux anciens. Cette réorganisation donna lieu à une touchante cérémonie, relevée par un discours de circonstance, pendant lequel les assistants, ne pouvant contenir leur émotion, versaient des larmes de joie.

Ces premiers succès de M. d'Hugues, à l'aurore d'une ère nouvelle, lui valurent de la part des pénitents et de tous ses paroissiens un surcroît d'amour et de vénération.

VII

Nomination définitive a la cure de Piolenc, zèle

Le 24 messidor, an IX de la République (3 juillet 1803), Mgr Périer, évêque d'Avignon, le nomma curé de Piolenc, définitivement.

Il lui envoya ses lettres par l'intermédiaire de M. Collet, vicaire général. Grande fut la joie des paroissiens en apprenant cette heureuse nouvelle. M. Michel, curé de Caderousse, présida la cérémonie de l'installation le dimanche suivant, 7 juillet.

Chacun voulait voir et féliciter le bien-aimé pasteur. Une joie inaccoutumée rentrait dans les cœurs catholiques ; c'était vraiment l'arc-en-ciel après l'orage.

Par suite du Concordat, le nombre des évêchés fut réduit. Les départements de Vaucluse et du Gard formèrent le diocèse d'Avignon, dans lequel se trouve Piolenc. M. d'Hugues se soumit volontiers à la nouvelle autorité diocésaine, avec quelques réserves cependant, car le passé de l'évêque d'Avignon ne donnait pas des garanties suffisantes d'orthodoxie pour la conscience éprouvée des prêtres demeurés fidèles. Dans ce doute, M. d'Hugues correspondit dès lors, pour ce qui concernait sa paroisse, avec M. Collet, vicaire général, lequel, partageant ses sentiments, s'était muni de pouvoirs venant directement de Rome.

Le saint prêtre avait la douleur de voir, au milieu d'une population toute agricole, les jeunes filles privées d'éducation ; les malades trop souvent délaissés, réclamaient en vain des secours.

En présence de ces besoins impérieux, devant lesquels son zèle était insuffisant, le digne pasteur sentit qu'il n'y avait que le dévouement religieux capable de comprendre et de seconder le sien.

Dès l'année 1804 il médita devant le Seigneur la pensée de créer dans sa paroisse une communauté de filles pour élever les enfants et soigner les malades.

Quatre années ne furent pas trop longues pour mûrir un projet si important. Son âme ardente et généreuse ne cessait de demander les lumières du Saint-Esprit et d'invoquer la Vierge Immaculée, pour laquelle il professait une dévotion particulière.

M. Collet, vicaire général, informé des labeurs qu'imposaient à M. le Curé les besoins de sa paroisse, résolut de lui donner un collaborateur. Ce fut M. Bressy, prêtre vénérable, qui avait supporté vaillamment toutes les fureurs de la Révolution. Le zèle du curé se confondait avec celui de son vicaire, il avait pour principe leur attachement commun à l'Église Romaine. Quoique supérieur en âge, l'abbé Bressy donnait chaque jour des preuves d'une humble soumission.

Tout allait pour le mieux dans la paroisse ; mais, hélas ! ce précieux auxiliaire lui fut bientôt ravi. Il mourut subitement d'une attaque d'apoplexie, le 15 septembre 1806, à l'âge de soixante-huit ans.

La mort de M. l'abbé Bressy avait fait un grand vide dans le cœur de M. le Curé. La paroisse entière avait aussi ressenti cette perte. Il ne fallait rien moins que l'intelligente activité du pasteur pour ne point laisser affaiblir le bien déjà opéré. Plus il voyait les âmes de près, plus il comprenait que les doctrines erronées des derniers temps y avaient jeté de profondes racines. Les fidèles avaient repris instinctivement le chemin de l'église, mais ils avaient besoin d'être instruits de nouveau des vérités fondamentales de notre foi. Les discours que le zélé pasteur avait prononcés à la chapelle des Pénitents sur l'existence de Dieu, l'immortalité de l'âme, la grâce, etc., quoique souvent répétés, n'avaient pu être entendus de tous, plusieurs les avaient oubliés. De peur donc que ses chers paroissiens ne retombassent dans l'ignorance, il résolut de leur donner une série d'instructions familières auxquelles furent invités les hommes de bonne volonté.

Le carême fut choisi comme le temps le

plus favorable à ces exercices, qui devaient servir à préparer les âmes à l'accomplissement du devoir pascal.

Toutefois, l'homme de Dieu cherchait en vain, autour de lui, des collaborateurs. Cette difficulté ne l'arrêta point.

Un jeune homme (1) que M. d'Hugues avait baptisé pendant la Terreur fut l'instrument choisi par la Providence pour arriver à ses fins.

Dès l'âge de neuf ans, le jeune Boudon avait su captiver l'affection du saint prêtre par sa candeur, son intelligence, sa piété précoce. Son bon curé lui avait appris à servir à l'autel.

Le modeste orateur voyait avec joie bon nombre de paroissiens accourir à ses instructions ; mais il fallait surtout attirer les hommes.

. L'expérience lui avait appris que les conférences dialoguées sont un moyen simple et goûté du peuple. Il résolut donc d'en donner quelques-unes chaque semaine. Avec qui, cependant, faire de la controverse ?...

Après avoir beaucoup prié, une inspiration soudaine lui montra son adversaire dans la personne du jeune sacristain.

Que de lumières, que de ressources ne

(1) Quinze ans.

trouve-t-on pas dans une fervente oraison et l'extrême désir de procurer la gloire de Dieu !

L'ingénieux curé remplissait donc deux fonctions à la fois : il écrivait d'avance des questions, des objections sur le dogme et sur la morale, exerçant en secret son élève, qu'il plaçait avant chaque exercice sur un siège élevé en face de la chaire. Le docile jeune homme s'évertuait à répondre fidèlement aux désirs de son bien-aimé pasteur, en soutenant la discussion devant l'auditoire émerveillé.

Durant ces jours de pieux exercices il passa comme un souffle de résurrection dans la paroisse tout entière. Une nombreuse communion pascale couronna ses efforts de piété et de zèle.

VIII

Projet de fondation

Nous l'avons dit plus haut, M. le curé avait conçu le projet de fonder une communauté de filles. En 1808, il crut que le moment marqué par la divine Providence était venu. Déjà il en avait communiqué le plan à M. Collet, vicaire général, et à M. de Prilly. Les encouragements de ces Messieurs furent d'un grand poids dans sa détermination.

Parmi les personnes qu'il dirigeait, il en choisit quatre dont il avait depuis longtemps éprouvé la vertu : c'étaient Mlles Victoire Aubert, Madeleine Millet et Anne-Marie Grimaud. La quatrième n'ayant pas persévéré, il est inutile de la nommer.

Il les réunit en communauté le 19 mars 1808, jour de la fête de saint Joseph, leur patron secondaire.

Le mois de juin de la même année vit une cérémonie à laquelle le peuple n'était plus habitué.

Depuis longtemps gisaient par terre les débris d'une cloche brisée aux jours néfastes de la démolition du clocher. On n'entendait plus sa grande voix appeler les fidèles à la prière, ses joyeux tintements n'annonçaient plus la naissance d'un nouveau chrétien, ses sons tristes et lugubres ne pleuraient plus le départ d'une âme pour l'éternité.

Par les soins de M. le Curé et la générosité des fidèles la cloche fut refondue, et muni de la permission de l'ordinaire, il en fit lui-même la bénédiction au milieu de l'enthousiasme général.

Le modeste fondateur se préoccupait constamment de la petite société qu'il formait pour la gloire de Dieu et le profit spirituel et temporel de son troupeau.

Homme d'oraison et d'action, il savait tout conduire simultanément. C'est ainsi qu'en réparant dans son église les ruines faites par l'impiété, il élevait au même Dieu qu'on avait outragé un édifice spirituel.

Pendant ses heures de solitude sa piété confiante lui montrait dans le lointain l'avantage que pourrait amener le développement d'une œuvre si petite dans sa naissance et à laquelle il voulait consacrer sa vie entière. Ses filles privilégiées reçurent de sa main paternelle un simple règlement de vie approprié à leur situation présente. Ce fut la base des constitutions que devait approuver quelques années plus tard Monseigneur l'Archevêque d'Avignon.

Cette règle pleine de sagesse, suivie avec exactitude, ne fut point modifiée quant au fond. La forme a un peu varié, selon les besoins de l'époque, avant l'approbation définitive.

Le zélé fondateur considérait avec joie le développement de sa chère communauté. La maison où il l'avait établie ne pouvant plus suffire, il engagea les sœurs à faire l'acquisition d'un terrain pour en construire une plus vaste et plus commode.

Le conseil fut suivi et l'acte en fut passé le

6 mai 1812. M. d'Hugues bénit la première pierre de ce bâtiment très modeste, mais convenable pour l'époque.

Le même jour (12 juin) il y eut une autre cérémonie qui mit tout le pays en fête : M. l'abbé Adrien de Falconnet, prêtre du diocèse de Mende, bénit la grosse cloche (1).

M. le curé pressait les travaux du nouveau couvent. Par ses bonnes paroles il encourageait les ouvriers et même les sœurs à ne point compter avec la fatigue pour l'exécution d'une œuvre entreprise en vue de la gloire de Dieu.

Les sœurs en prirent possession au commencement de l'année 1813.

Le petit troupeau choisi s'accroissait sous l'heureuse influence de tant de précieuses vertus. La ferveur y était grande.

Les exhortations du père, si bien comprises des filles avaient pour objet les vertus religieuses : obéissance, saint abandon, etc. ; il insistait sur la pratique du silence et du recueillement sans laquelle la dévotion n'est qu'un fantôme.

Parlait-il du haut de la chaire, on reconnaissait en lui l'âme forte et profondément

---

(1) M. de Biliotti, maire, en fut le parrain.

convaincue des grandes vérités qu'il annonçait. Son style serré, substantiel, précis, émaillé parfois d'heureuses comparaisons, charmait et émouvait son auditoire, de sorte qu'on aurait voulu toujours l'entendre.

IX

Sa dévotion au Saint-Sacrement de l'autel

L'amour du digne prêtre pour l'Eucharistie était à l'égal de son zèle pour les âmes. Ennemi juré du froid jansénisme, qu'il combattait en toute occasion, il favorisait la pratique de la communion fréquente, la recommandant comme le plus puissant moyen de sanctification. Il veut que les premières sœurs apportent chaque jour Notre-Seigneur dans leur petite maison, afin qu'il en soit l'hôte habituel; or, à défaut de chapelle, de tabernacle, sa règle ordonne que tous les jours quelqu'une d'entre elles s'approche de la Sainte Table.

Une des conséquences de son ardent amour pour la sainte Eucharistie était le soin avec lequel il préparait les enfants à la première communion.

Le pieux pasteur attachait une grande importance à cet acte, véritable point de départ de la vie d'un chrétien. Son cœur, sa foi, son imagination lui fournissaient mille ressources pour toucher ces jeunes âmes et leur inspirer l'amour sincère qu'il ressentait lui-même pour un sacrement si sublime.

Nous avons sous les yeux un discours écrit de sa main pour l'ouverture de la retraite préparatoire. Oh ! qu'il est pieux et touchant !

En temps de persécution comme en temps de paix, dans sa chapelle privée comme dans l'église paroissiale, sa ferveur l'attirait fréquemment aux pieds du Dieu caché sous les saintes espèces. Dans le silence de la nuit, dérobé à tous les regards humains, sa belle âme s'épanchait dans de fervents colloques avec Jésus-Hostie, source de toute lumière, de toute consolation.

Voici à ce sujet le rapport de M. Millet, d'Orange, ancien magistrat, député sous le deuxième Empire et qui avait été son pensionnaire. « La maison, dit-il, n'était pas loin de
« l'église paroissiale. Eh bien ! mon vénérable
« curé s'y rendait toutes les nuits, muni de sa
« petite lanterne sourde, et y faisait deux heu-
« res d'adoration devant le St-Sacrement. »

X

Son amour pour la Sainte Vierge

Tout le zèle qu'a déployé M. d'Hugues pour rétablir dans sa paroisse les deux congrégations de la Sainte Vierge prouve combien était vivace dans son âme son amour envers notre Mère du ciel.

Avant comme après les malheurs de notre chère France, sa piété le portait à développer tous les jours davantage les diverses dévotions en son honneur instituées par les saints et approuvées par l'Église, telles que la récitation du saint Rosaire, l'usage précieux du saint Scapulaire, etc. Rien ne manquait à la célébration des diverses fêtes à la gloire de Marie. Offices solennels, sermons, processions, enfin tout ce qui pouvait rehausser son culte était mis ce jour-là à contribution.

La joie du bon Curé se manifestait à l'extérieur lorsqu'il croyait avoir réussi à imprimer dans le cœur des fidèles l'amour filial qu'il ressentait pour la Mère de Dieu.

Une lueur prophétique dut éclairer son esprit lorsque, formant une société de filles pieuses, destinées à élever les enfants de leur sexe, il les nomma : *Filles de la Conception*.

Sans doute le dévot serviteur de Marie sentait dans son cœur le désir de décorer ce titre du mot Immaculée, car il ne pouvait songer à placer cette congrégation naissante sous le patronage d'une conception entachée du péché originel.

Mais Rome n'avait pas encore parlé avec son autorité infaillible. Le fils soumis de notre mère la sainte Église attendait qu'une proclamation solennelle fît de ce glorieux et magnifique privilège un article de foi.

M. d'Hugues n'eut pas la joie de contempler, de son vivant, ce beau triomphe, car il n'eut lieu que le 8 décembre 1854. Depuis lors les sœurs, quoique autorisées par l'État sous le titre de *Filles de la Conception*, se nomment les *Religieuses de l'Immaculée-Conception*, assurées d'entrer dans les vues de leur vénéré fondateur.

A propos de l'Immaculée Conception, le lecteur ne sera pas fâché que nous rapportions un trait de M. Millet. Étant maire d'Orange, en 1854, et tout heureux de voir la proclamation de ce dogme par l'immortel Pie IX, de douce et glorieuse mémoire, il fit illuminer l'Hôtel de Ville et mettre toute la population en fête. Un de ses parents (1) lui en

---

(1) Le Révérend Père Nicolas, oblat de Marie Immaculée.

témoigna de l'étonnement et de la satisfaction en ces termes : « Mon cousin, vous avez donc « bien la foi. » Monsieur le maire répondit : « Comment veux-tu que je n'aie pas la foi, « ayant vécu deux ans avec un saint ? Ce « saint était mon maître de philosophie (1), « M. d'Hugues, curé de Piolenc. »

Cet acte de foi d'un séculier prouve combien l'excellent précepteur avait le don de communiquer à son disciple les sentiments de son cœur pour la Vierge Immaculée.

Un récit édifiant trouve ici sa place. Nous n'osons garantir l'authenticité du fait, bien que nous l'ayons entendu raconter, il y a plus de quarante ans, par des personnes anciennes de Piolenc. Le voici :

Bien après la Révolution et durant une grande sécheresse, M. d'Hugues proposa à ses paroissiens d'aller, comme autrefois, prier Notre-Dame-de-Bon-Rencontre, au chemin d'Orange. On s'y rendit. L'oratoire était démoli, la statue brisée. On chanta les litanies de la Sainte Vierge. Aussitôt après, une pluie bienfaisante s'épancha sur la terre desséchée. Dans leur enthousiasme, les hommes chargèrent sur leurs épaules le pied de la statue

(1) Ce cours de philosophie dura deux ans. Il est écrit en latin par la main de l'élève et, dit-on, composé par le maître.

mutilée, seul débris resté sur place. Ils l'emportèrent triomphalement à l'église ; M. le curé le fit sceller sous le bénitier de la porte latérale, afin de perpétuer le souvenir de cette protection de Marie ; on l'y voit encore aujourd'hui ; les bonnes femmes le baisent en passant en signe de respect et de reconnaissance. Ce trait nous prouve une fois de plus combien était grande la confiance du saint prêtre envers la Reine du ciel.

XI

Ses vertus

Le caractère ferme autant que bon de M. d'Hugues se révélait dans ses écrits et dans ses entretiens. Tout se ressentait de la vie laborieuse et dure qu'il avait menée durant l'orage révolutionnaire.

Il veut que ses filles parviennent à se vaincre en tout. Ennemi des contestations, le sage directeur travaille à les prémunir contre ce funeste effet de l'orgueil humain ; il leur montre l'humilité comme le fondement des autres vertus et les engage à céder au sentiment d'autrui, tant que l'honneur de Dieu n'est pas compromis. Il recommande aux sœurs de ne pas s'endormir sur une parole peu charitable, lors même qu'elle aurait été prononcée sans intention de nuire. Le bon père donnait l'exemple de ces vertus, s'y exerçant en toute occasion.

Le trait suivant donne une idée de son humilité et de la délicatesse de sa conscience.

Mme Antoine d'Hugues (Agnès de Camaret) avait une santé fort débile. M. le curé, jouissant au contraire d'un tempérament robuste, ne pouvait s'imaginer qu'une nourriture excessivement délicate fût nécessaire à sa belle-sœur. Or, un jour, étant à la table de famille, il lui échappa là-dessus une réflexion quelque peu blessante. Le remords et le repentir suivirent de si près la faute, qu'il ne voulut point rentrer dans son appartement sans avoir demandé pardon à sa belle-sœur.

Habitué aux privations et à la souffrance, M. d'Hugues voulait inculquer à ses futures religieuses la simplicité, l'esprit de pauvreté, de mortification et l'amour du travail.

XII

SA CHARITÉ POUR LES MALHEUREUX

On l'a vu vivre pauvrement, alors qu'il était dans l'abondance des biens de ce monde ; les pauvres ses amis bénéficiaient de ses revenus. Il leur donnait souvent de son nécessaire. Que de malheureux n'a-t-il pas secourus ! Que de fois ne s'est-il pas dépouillé de ses habits de dessous et de sa chaussure pour les garantir du froid !

Un jour, sa sœur, Mme Granier, le rencontra près de l'église sans chaussure. « Qu'avez-vous fait, mon frère ? » — « Ce pauvre vieux, dit-il, marchait nu-pieds ; j'ai pensé qu'il y avait encore des pantoufles dans ma chambre, je lui ai laissé mes souliers. »

Une autre fois, il s'avisa de donner un matelas à une pauvre malade ; entre temps, c'étaient les couvertures qui disparaissaient.

Cette préférence marquée pour les déshérités de la fortune lui inspira la pensée de faire quêter pour eux chaque dimanche, à l'issue des offices, à la porte de l'église. Les personnes pieuses qu'il avait réunies en communauté se chargèrent de grand cœur de cet office charitable.

Les pauvres malades excitaient particulièrement la compassion du charitable curé. Il les cherchait dans les campagnes, dans les mines, dans les chemins et leur faisait donner des soins à domicile par les nouvelles sœurs, lorsqu'il ne pouvait le faire lui-même.

A proportion de leur indigence, il leur délivrait des bons de viande (1) et des remèdes qu'il prescrivait, usant à leur égard des connaissances médicales dont il avait acquis une somme suffisante pour être utile aux pauvres. Une partie de la quête du dimanche leur était destinée.

Son cœur compatissant les consolait, les encourageait à souffrir avec mérite, leur faisant entrevoir, à la fin de leur vie de douleurs et de privations, les joies sans lendemain du paradis.

Le vigilant pasteur n'en laissait mourir aucun sans lui procurer les secours de la religion. Tous les actes de décès signés de sa main, durant son long ministère, portent la note : « Ayant reçu les sacrements de l'Église. » Sur quelques autres on lit : « Mort subitement, frappé d'apoplexie, écrasé par un mur, par la foudre, etc., etc., » autant de causes accidentelles qui excusent le prêtre et le défunt. Vieillards et malades ne pouvaient résister à ses exhortations touchantes au moment décisif du passage du temps à l'éternité.

(1) « S'enanavo pas senso regarda se l'i avié lou bouta couire souto la chaminèio, » disent les anciens.

XIII

Prédilection pour l'enfance

Si les pauvres et les infirmes avaient les prédilections du vertueux pasteur, l'enfance n'en était pas délaissée. Ce fut son amour pour cette partie intéressante de son troupeau, qui l'inclina à fonder une société religieuse et enseignante.

L'expérience lui avait découvert les désordres sans nombre, fruits de l'ignorance, surtout au lendemain d'une crise épouvantable, dont les idées malheureusement semblaient ne point vouloir céder la place aux principes du christianisme.

Les enfants de tout âge étaient instinctivement attirés vers le bon père, tant la véritable vertu a de charme pour l'innocence. En traversant les rues, il était entouré, suivi et caressé par ces petits enfants, qui semblaient pénétrer dans son cœur et y lire l'affection qu'il avait pour eux. Répondant à leurs avances naïves, il leur distribuait, en les bénissant, des médailles, voire même quelques douceurs. Les plus grands applaudissaient à sa générosité, lorsque, envoyés par leur mère pour lui offrir des primeurs, ils revenaient joyeux, apportant une étrenne supérieure, pour l'ordinaire, à la valeur du présent.

XIV

Fidélité aux enseignements de l'Église

Le docte Curé avait en horreur les dissidences en matière de foi, il flétrissait en toute occasion les paroles et les écrits entachés de la plus petite nuance d'erreur. Son indignation ne connut plus de bornes lorsqu'il eut pris connaissance des canons et décrets du concile national (juin 1811) adressés aux pasteurs et aux fidèles de l'église gallicane. Dans une letttre à un prêtre demeuré ferme, qui lui demandait son avis sur ce document, M. d'Hugues condamne et méprise la finesse orgueilleuse et hypocrite des hérétiques, qu'il compare à une vieille femme colorée de fard.

Sa colère éclate contre les prêtres jureurs que l'ambition ou la crainte de la mort ont conduits à leur perte. Il s'étonne, il pleure, en voyant, deux ans après la mort de Robesbierre, trente évêques intrus remplir audacieusement les fonctions saintes dans les églises profanées. Il plaint les âmes simples qui se sont laissé séduire par des dehors trompeurs.

Enfin, il témoigne en toute occasion son inaltérable soumission aux enseignements sacrés de la chaire apostolique.

Laissons parler M. Millet : « Je sortais du
« lycée de Tournon, dirigé par les Oratoriens.
« Mon père me plaça chez M. d'Hugues pour
« y faire mon cours de philosophie. J'avais
« subi l'influence de mes anciens maîtres,
« tous plus ou moins jansénistes. Quand j'ar-
« rivai à Piolenc, j'étais infatué de Jansénius,
« de Nicolle, de Pascal, d'Arnauld, de Saint-
« Cyran, enfin de toute l'école de Port-Royal.
« Je les prenais tous pour des saints et je le
« disais à mon nouveau maître. — Des saints ?
« me répondit-il, de jolis saints !... Ce sont
« des hérétiques, des rebelles à l'Église, des
« condamnés, des obstinés.

« Il m'expliqua longuement, avec grande
« patience et très pertinemment, ce qu'était
« l'hérésie jansénienne. Il flétrissait avec
« éloquence l'obstination des jansénistes et
« l'esprit de mensonge de l'école de Port-Ro-
« yal ; surtout il m'instruisait de l'autorité de
« l'Église, de l'infaillibilité du Pape, car il était
« des plus ultramontains. »

Quel homme ! Quel prêtre ! Quel curé ! Quel théologien ! Quel saint !

XV

Sa mort

Avant comme après la Révolution, M. d'Hugues avait rempli sa paroisse des œuvres de son zèle et de sa charité. Il semblait qu'une vie aussi précieuse ne dût jamais finir, car une santé vigoureuse comme la sienne faisait espérer une longue vieillesse ; mais les desseins éternels du grand Modérateur de la vie humaine étaient autrement calculés. Le dimanche des Rameaux, 1813, M. le Curé fit, comme de coutume, la bénédiction des palmes, hors des remparts, sur l'emplacement d'une croix brisée pendant la Révolution, dite Croix du Portail-Neuf ; les offices de la semaine sainte eurent lieu comme les années précédentes.

Le vendredi-saint la Passion fut prêchée par le pieux pasteur, et le lendemain, veille de la solennité de Pâques, il fit encore une sépulture.

Au jour commémoratif de la résurrection de Notre-Seigneur, son amour fervent le porta à proposer à son peuple, pour le surlendemain, une procession, sorte de cérémonie expiatoire en souvenir douloureux des ruines accumulées par l'impiété. C'était le 20 avril, dix-septième anniversaire de la démolition de l'autel majeur.

Tous les fidèles répondirent à ce religieux appel. La procession se déroula au chant du *Miserere*. Arrivé à l'endroit où dix jours auparavant il avait béni les rameaux, le zélé pasteur rappela les outrages faits au signe sacré de notre rédemption. Sa parole persuasive, son accent convaincu touchèrent les cœurs les plus indifférents ; il s'excita, il s'exalta, en exprimant le regret de ne pouvoir relever encore ces croix brisées, ces oratoires détruits, ces statues mutilées.

Dans un discours prolongé, sous un soleil ardent, l'orateur s'oublia lui-même : il prit une insolation, dont l'art médical ne put se rendre maître.

Le bon Curé eut beaucoup de peine à accompagner la procession à l'église et se rendre chez lui.

La nouvelle de cet accident fut bientôt répandue dans toute la localité. On aimait d'une religieuse affection le bon père, comme on l'appelait.

Dans chaque famille on priait avec ferveur pour son rétablissement et on espérait dans la puissance de la prière.

Mais le Maître Souverain avait porté son

arrêt. Sa justice miséricordieuse voulait couronner l'âme d'élite qui, au prix de si généreux efforts, avait combattu le bon combat. Seul le vénéré malade ne se faisait point illusion. Il fit appeler M. Andéol Collet, curé de Sérignan, lequel, assisté de M. Roux, ancien chanoine d'Avignon, lui porta le saint Viatique et lui administra l'Extrême-Onction.

Sa pieuse sœur Madeleine, seule avec lui depuis la mort de leur vénérable père, redoublait de soins, de vigilance et de supplications, afin d'obtenir du ciel ce que son cœur désirait ardemment, la conservation de ce cher frère, sur lequel elle comptait pour lui fermer les yeux (1).

La communauté de la Conception, de son côté, adressait à la Vierge Marie d'ardentes prières. Rien ne pouvait modifier l'arrêt du Souverain Arbitre. Ce pasteur incomparable, ce père aimé de tous, ce fervent apôtre entendit la voix de son Juge lui dire : « Bon et fidèle serviteur, entrez dans la joie de votre Seigneur. » Enrichi de mérites, M. Henri-François-Hyacinthe d'Hugues ferma les yeux à la lumière d'ici-bas le samedi, 24 avril 1813, à l'âge d'environ 63 ans, laissant dans la désolation la paroisse entière, une sœur chérie

(1) Elle avait alors 70 ans.

et une petite communauté de neuf personnes, jeune arbrisseau planté au déclin de l'orage.

A la nouvelle d'une mort si prompte, l'affliction était si grande que de bien loin à la ronde on entendait les cris et les sanglots des habitants. Partout on pleurait, on se lamentait.

Le vestibule de la maison mortuaire fut transformé en chapelle ardente. Ce corps vénérable y séjourna jusqu'à l'heure où les Pénitents consternés vinrent le prendre pour l'exposer, en attendant les obsèques, dans la chapelle de Saint-Blaise, dédiée actuellement au Sacré-Cœur de Jésus.

Chacun sollicitait la faveur de contempler une dernière fois les traits vénérés du saint prêtre ravi inopinément à l'affection de tous.

Dans l'église, comme dans la maison mortuaire, les privilégiés qui pouvaient arriver jusqu'à sa couche funèbre ne se contentaient pas de faire toucher à ses mains consacrées des chapelets et des médailles, on coupait ses cheveux, on déchiquetait ses habits, chacun voulant en emporter un fragment comme une précieuse relique (1).

Ses obsèques furent solennelles ; c'était le

(1) Une contemporaine nous disait : « Aqueli que n'avien gi de ciséu se n'en fasien presta. De segur a pas pourta forço de sa raubo en paradis. »

dimanche de Quasimodo. Quelques prêtres des environs, notamment M. l'abbé Guez, vicaire à Orange, y assistèrent. Aucun habitant de Piolenc ne manqua au cortège : hommes, femmes, vieillards et enfants, toute la population était debout.

Sans le retentissement dans les airs des cris et des sanglots, on aurait plutôt cru à une fête qu'à une cérémonie funèbre. C'était vraiment le triomphe de la vertu.

Les Pénitents chantèrent l'office des morts ; M. Andéol Collet, curé de Sérignan, officia.

La dépouille du curé modèle fut ensevelie derrière le chœur de l'église paroissiale, au point le plus élevé du cimetière, délaissé de nos jours.

XVI

Hommages rendus a sa mémoire

Après tant d'années écoulées, la mémoire de M. d'Hugues est encore en bénédiction, surtout chez les anciens, qui se plaisent à raconter les traits édifiants de la sainte vie qu'il a menée au milieu de ses compatriotes. L'un d'eux nous disait : « Je ne plaindrais pas « d'avoir vingt ans de plus et d'être mort « pour l'avoir connu, tellement j'ai entendu

« dire à ma mère de belles choses de lui (1). »

Le parfum de ses vertus n'était pas concentré dans son pays natal. Le fait suivant en est une preuve incontestable.

Mgr de Prilly, évêque de Châlons, rendait un continuel hommage à la sainteté de M. d'Hugues, son ami, en refusant de se séparer d'un vieux bâton qui avait servi à l'homme de Dieu dans ses fuites et dans ses courses paroissiales.

En 1842, un vertueux prêtre, M. l'abbé Joseph Brémond, curé de St-Symphorien dans Avignon, ayant rencontré Mgr de Prilly à l'abbaye de la Trappe, avec ce vulgaire bâton, ne put s'empêcher de lui en témoigner sa surprise en ces termes : « Monseigneur, cette vieille canne vermoulue n'est pas digne de votre Grandeur. » A quoi l'évêque répondit : « Ce bâton ? Oh ! je ne m'en séparerai jamais... Je le tiens d'un saint, de mon ami M. d'Hugues, curé de Piolenc. Il me porte bonheur. »

C'est ainsi qu'un des plus grands évêques de France a fait l'éloge du plus modeste des prêtres (2).

(1) « Plagneirieu pas d'agué vint an de mai e d'èstre mort pèr l'agué couneigu, talamen ai entendu dire de belli causo d'éu. »
(2) Les plus anciens du pays n'ont qu'une voix pour répéter : « Aven tout dit en disen : Ero un sant. »

APPENDICE
DE LA PREMIÈRE PARTIE

DÉPART DES JÉSUITES

Le 25 juillet 1768 les pères Jésuites sortirent du Noviciat de Saint-Louis. Le dimanche, 31 juillet, on chanta vêpres et on fit le sermon *juxta solitum* pour la dernière fois dans l'église du collège. Le 17 juillet, les pères confessèrent toute la matinée pour la dernière fois ; le 1er août ils en sortirent tous. Le Révérend Père d'Hugues, de Sérignan, religieux très respectable, en était Recteur. La veille de ce jour, qui était la fête du glorieux saint Ignace de Loyola, leur fondateur, il leur fut permis de dire leur messe dans cette église, porte fermée (1). Ils sortirent du collège en procession au milieu des larmes de leurs élèves et des sanglots de leurs amis, accourus au nombre de plus de six cents à la porte de leur demeure. A l'exemple de ce vieillard de l'antiquité qui, fuyant l'incendie de sa patrie, emportait entre ses bras ses divinités domestiques, les nobles proscrits emportaient chacun ce qu'ils avaient de plus précieux dans leur humble cellule : leur bréviaire, leur crucifix, le livre de leurs règles et surtout leurs instruments de pénitence. Il s'acheminèrent lentement au chant de l'*In exitu* par la rue Calade et la place des

(1) Mémoires de l'abbé de Véras.

Corps-Saints vers la porte Saint-Michel. Arrivés à l'entrée de la route de Tarascon, là où il y avait alors une statue de la Sainte Vierge, élevée en 1722 pour perpétuer le souvenir de la cessation de la peste, ils se jetèrent tous à genoux aux pieds de leur vénérable supérieur, et celui-ci, levant les yeux et les mains vers le ciel, leur donna solennellement, d'une voix étouffée par les larmes et au milieu de l'émotion profonde de l'assistance, sa dernière bénédiction.

Ils se relevèrent et, s'embrassant les uns et les autres, ils se dispersèrent dans toutes les directions. Cette scène sublime dans sa simplicité plongea la ville entière dans le deuil.

On raconte qu'au moment où ils sortaient ainsi de leur collège, un religieux de Saint-Martial se tenait à l'écart sur leur passage et montrait, par un sourire de satisfaction, la joie qu'il éprouvait de leur bannissement. Le père recteur, Guillaume d'Hugues, s'en aperçut et se tournant vers lui : « Riez, mon père, lui dit-il, riez tant que vous voudrez ; nous, nous portons la croix ; vous autres, vous porterez ensuite la chape. » Vingt-cinq ans plus tard l'évènement justifia la prophétie (1).

ÉPISODE SUR LES PRISONS D'ORANGE

Mme Antoine d'Hugues (Agnès de Camaret) pleurait amèrement sur le sort de son malheureux époux ; elle aurait voulu partager sa captivité ;

---

(1) Canron, *Les Jésuites à Avignon*, page 87.

mais les soins dus à sa nombreuse famille et sa frêle santé ne lui permettaient pas cette douloureuse consolation.

Elle envoya sa fille aînée demeurer, provisoirement, à Orange, chez un de ses parents, M François-Jean d'Hugues, municipal. De là il était plus facile de savoir ce que deviendraient les chers prisonniers. Mlle d'Hugues obtint de l'un des gardiens, Gouisset, la permission de leur apporter la soupe tous les jours. Celui-ci se montrait bienveillant, parce que M. d'Hugues Antoine lui avait fourni gratuitement et depuis peu tout le bois nécessaire pour faire monter ses vers-à-soie.

Chaque matin un commissaire de la Convention remettait au geôlier les noms des victimes condamnées à mort. Un jour la jeune fille s'avisa de lui demander si les siens n'étaient point portés sur la liste. « Ils sont tous les deux pour demain », répondit brutalement Gouisset. La pauvre enfant sentit alors son courage l'abandonner ; elle ne savait comment annoncer cette fatale nouvelle. Cependant, quoique hésitante, elle entre dans la prison. MM. d'Hugues, père et fils, devinèrent le sort qui les attendait à la tristesse de son regard ; celle-ci ne put céler davantage un secret si navrant ; le cœur oppressé, la voix tremblante et entrecoupée de sanglots, elle exprima son indicible douleur.

Jusque là les deux nobles prisonniers avaient attendu la mort sans plainte, sans défaillance, avec une résignation toute chrétienne ; ils se jetèrent dans les bras l'un de l'autre, comme pour se dire adieu ou plutôt au revoir dans le ciel. La jeune fille couvrait son père de baisers et de larmes. M. Hyacinthe, son vénérable grand'père, âgé de 89 ans, leva les yeux et dit : « Que la volonté de Dieu soit faite. »

Revenu un peu à lui-même, M. d'Hugues dit à sa fille éplorée : « Mon enfant, va trouver le gardien et supplie-le de me faire passer le premier ; je mourrais de douleur si je voyais mon père monter à l'échafaud. » — « Vous ne mourrez pas, répondit la jeune fille toute émue, je vais dire à Gouisset de vous épargner l'un et l'autre. » — « Bien, mon enfant, hâte-toi, et si tu ne peux obtenir grâce pour nous deux, jette-toi à ses genoux et conjure-le d'épargner ton grand'père. » Le vénérable vieillard s'apprêtait à mourir. « Il n'est plus rien qui me retienne ici-bas, disait-il à son fils, mais toi, songe à ta nombreuse famille ; ces pauvres enfants pourront-ils se passer de leur père ? Vive Dieu ! Je le prie d'agréer mon sacrifice et de te sauver la vie. »

Après cette scène émouvante, vrai combat d'amour fraternel et de tendresse filiale, Mlle d'Hugues sortit, le cœur saturé d'amertume, et vint s'acquitter de la commission de son père. Gouisset ne la laissa point achever et d'une voix lugubre il lui dit brusquement : « Citoyenne, tu viendras demain. »

On se figure combien la nuit dut être terrible. Mais la Providence veillait sur ses nobles victimes, car le lendemain la jeune fille apprenait, de la bouche du gardien, que ses chers prisonniers venaient d'être acquittés. C'était le 18 juin 1794 ; néanmoins ils ne furent mis en liberté que le 4 août suivant, jour où la commission populaire fut dissoute.

Le vénérable M. Hyacinthe d'Hugues rentra à Piolenc. Son cher émigré vint l'y rejoindre le 11 septembre. Mais ils ne jouirent pas longtemps du bonheur de se retrouver dans la maison paternelle ; l'impitoyable mort les sépara de nouveau. Ce fut un triste retour pour M. le Curé, obligé de fermer les yeux à son digne et respectable père.

Ces détails donnent une idée de l'esprit chrétien de la famille d'Hugues.

QUELQUES NOTES SUR LA FAMILLE D'HUGUES

1. — Guillaume d'Hugues, né à Pujols en Languedoc, canton de Gignac (Hérault), 1570, de Michel d'Hugues, seigneur de Villars, fut un brillant élève des Jésuites au collège d'Avignon.

Devenu général des Cordeliers Conventuels, le roi Henri IV l'employa dans diverses négociations importantes en Italie, en Allemagne, en Angleterre. Le roi Louis XIII le nomma à l'archevêché d'Embrun, l'an 1612 ; il fut sacré à Rome le 16 novembre en l'église de Saint-Paul. Il s'employa ardemment pour le mariage d'Élisabeth de France avec Philippe IV, roi d'Espagne (18 octobre 1615), accompagna cette princesse en

Espagne. Il négocia le mariage d'Henriette-Catherine, fille d'Henri IV, avec Charles I d'Angleterre et accompagna cette princesse en Angleterre. Il gagna si fortement l'estime du roi Jacques I, qu'il lui permit de conférer publiquement le sacrement de confirmation à plus de dix mille catholiques qui le reçurent de sa main (1).

Embrun a eu peu de plus grands prélats, et cette ville lui a des obligations infinies. C'est lui qui y a établi le collège des Jésuites et qui a réparé l'église métropolitaine et le palais archiépiscopal.

Il mourut le 17 octobre 1648.

Les armoiries des d'Hugues sont à Embrun sur la porte de France.

Le même Guillaume d'Hugues, étant général des Franciscains, fit bâtir le cloître des Récollets d'Avignon (2), dont quelques arceaux subsistent encore avec l'inscription latine sur marbre gris. En voici la traduction : « A l'illustrissime et Ré-
« vérendissime (D. D.) frère Guillaume d'Hugues,
« Archevêque et Prince d'Embrun, qui, après
« avoir honorablement jeté les fondements de la
« vie religieuse dans ce monastère, a été élevé
« graduellement, à cause de sa remarquable science
« et de ses nombreuses vertus, à la plus haute di-
« gnité de notre ordre et ensuite à l'archiépis-
« copat d'Embrun, à cause de ses grands services
« envers les rois très chrétiens. A cause du cloître

---

(1) MM. de Ste-Marthe, *Gallia Christiana*, et Dictionnaire de Moreri, tome IV, p. 687.

(2) Actuellement collège des Jésuites, rue des Lices.

« élevé par lui à grands frais, avec une parfaite
« élégance, depuis les fondations jusqu'au faîte, le
« monastère ou couvent d'Avignon a fait dresser
« cette inscription par reconnaissance. Année
« 1631 ».

2. — Trois frères d'Hugues, neveux de l'archevêque Guillaume d'Hugues, commandent les catholiques, battent les protestants sur la rivière d'Aigues.

3. — Deux de ses frères d'Hugues se marient à Sérignan et sont la souche des d'Hugues de Sérignan, de Malaucène, d'Orange, de Piolenc, de Paris, de Roquemaure, etc.

4. — Le troisième frère retourne dans les Alpes; devient la souche du marquis d'Hugues, d'Embrun, Grenoble, La Motte, du Caire, etc.

5. — Pierre d'Hugues; son investiture à Sérignan (1654).

6. — Son fils Joachim d'Hugues, né en 1690 à Sérignan, entre dans le clergé séculier, meurt en 1770 à Sérignan.

7. — Guillaume-Hyacinthe d'Hugues, dernier recteur des Jésuites à Avignon, né à Sérignan en 1696, fonda, dit-on, la confrérie des domestiques, sur le modèle de celle que M. de Salvador avait fondée à Sainte-Garde, se retire à Piolenc en 1768, où il figure sous le nom de Père d'Hugues dans les registres de la paroisse.

8. — Louis-François-Hyacinthe d'Hugues, né à Sérignan en 1706, notaire et juge des prieurs des Bénédictins de St-Martial d'Avignon, seigneurs de

Piolenc, épouse Angélique de Fabry. A l'âge de 89 ans, il est mis en prison à Orange le 5 octobre 1793, avec sa fille Rose d'Hugues, âgée de 36 ans.

9. — Antoine-Jean-François d'Hugues, notaire à Uchaux, fils de François-Hyacinthe, né à Sérignan en 1745, épouse Marie-Anne-Agnès de Camaret ; écroué aux prisons d'Orange avec son père Louis-François et sa sœur Rose (1), ils furent acquittés le 4 août 1794 (2).

10. — Henri-François-Hyacinthe d'Hugues, né à Piolenc 1750, et y décédé le 23 avril 1813, curé de cette paroisse depuis 1780, a été fondateur de la congrégation des filles de la Conception en 1808.

11. — Son neveu, François-Jean-Henri d'Hugues, décédé en mai 1830 et enterré sur la montagne d'Uchaux, est célèbre comme chef des royalistes d'Orange pendant la Révolution ; premier adjoint d'Orange en 1814, maire d'Orange en 1815, maire de Sérignan jusqu'à sa mort, préserve Orange de la réaction de Pointu en 1815 et des contributions des Autrichiens. On l'appelait d'Hugues de l'Académie, par opposition à ses cousins d'Hugues de la Brunette ou de Malaucène, d'où sort le général d'Hugues, mort il y a environ 10 ans.

12. — M. Henri d'Hugues, son petit-neveu, notaire à Roquemaure (Gard), décédé en novembre 1895, nous a fourni sur sa famille d'utiles rsnseignements peu de temps avant sa mort.

(1) Madame Alexis Granier.
(2) Commission populaire d'Orange.

DEUXIEME PARTIE

HISTORIQUE PROPREMENT DIT DE LA CONGRÉGATION

I

Dans la première partie de cet ouvrage, nous avons dit que M. le curé d'Hugues, désirant établir dans sa paroisse une communauté de filles, avait choisi pour coopératrices de son zèle Mlles Aubert, Millet, Grimaud (1). Il convient de faire connaître la première, à qui ses vertus ont valu le titre de fondatrice, bien qu'elle fût la plus jeune (19 ans).

II

La Fondatrice

Le 23 janvier 1786, Messire Joseph Farjon, prêtre, curé d'Uchaux, bénissait le mariage de Mlle Anne-Marie-Silvye Corsin, sa nièce et pupille, avec M. Jean-Louis Aubert, ancien

---

(1) Nous taisons le nom d'une quatrième, parce qu'elle n'a pas persévéré.

orfèvre, bourgeois de Piolenc et y domicilié. Malgré ses soixante ans, M. Aubert était vigoureux, intelligent, alerte ; il était surtout bon et fervent chrétien. Ce fut sans doute à ce dernier titre que Messire Farjon consentit à lui laisser épouser sa jeune nièce, restée orpheline et âgée alors de vingt-trois ans. De cette union naquit Marie-Rose-Apollonie-Victoire, le 23 décembre 1788. C'était le jour où l'Église célèbre la fête de sainte Victoire, martyre. Ce nom prévalut sur les trois autres, peut-être avec quelque dessein de la divine Providence.

La famille Aubert était depuis des siècles remarquable à tous les points de vue. Leurs papiers conservés dans les archives de la Congrégation contiennent des testaments curieux et édifiants, par les dispositions qu'ils révèlent. Héritiers des sentiments chrétiens de leurs ancêtres, les Aubert ont laissé de beaux exemples de foi et de piété. Ils avaient acquis le droit de sépulture dans un caveau de l'église paroissiale, comme l'indiquent le testament de Pierre Aubert (1er septembre 1659), celui de Barthélemy, son fils (1693), et les suivants.

En l'année 1791, nous voyons M. Louis Aubert, père de la petite Victoire, procureur de la commune, agissant pour le plus grand bien moral du pays.

Dans la réunion qui eut lieu à cette époque dans la chapelle des Pénitents, il fut des plus déterminés et des plus fermes à soutenir les droits du Pape sur le Comtat. Il lutta avec tant d'énergie pour la bonne cause, que la commission populaire d'Orange le fit écrouer à la Baronne, avec les autres notables de Piolenc, prêtres, nobles et bourgeois. M. Aubert ne monta point à l'échafaud ; on le relâcha le 4 août 1794, comme ses compagnons de captivité.

Mme Aubert, de son côté, était pieuse et bonne, c'était une femme modèle, s'appliquant à élever sa fille dans la pratique des vertus de son âge et de son sexe. M. d'Hugues l'appréciait beaucoup. Il voulut bien accepter d'être le parrain de son deuxième enfant, mort en bas-âge et auquel, comme marque d'estime pour ses parents, il donna tous ses prénoms. La petite Victoire, âgée de dix ans, en fut la marraine.

Dans un milieu si favorable, la jeune enfant grandissait et en elle se développaient les qualités rares dont la grâce et la nature l'avaient ornée en entrant dans la vie. Son innocence, sa piété enfantine inspirèrent à M. le curé de l'admettre à la première communion avant l'âge requis.

Tout dans la pieuse enfant était motif de

joie pour son vieux père et promettait d'immenses consolations à sa vertueuse mère. La main généreuse de la Providence n'avait rien oublié pour rendre gracieuse et aimable cette chère enfant. Son caractère gai, doux, presque jovial, ses manières affables la faisaient aimer de tous ceux qui avaient occasion de la connaître. Douée d'une grande charité pour les malheureux, la bonne petite fille n'était jamais si heureuse que lorsque ses parents la chargeaient de donner l'aumône en leur nom.

Le pays étant dépourvu d'institutrice chrétienne, Mlle Madeleine d'Hugues, ancienne visitandine et sœur de M. le curé, voulut bien en tenir lieu à l'égard de quelques petites filles, parmi lesquelles se trouvait Victoire Aubert. Cette dévouée maîtresse n'avait pas de termes assez expressifs pour louer sa jeune élève, tant sa docilité, son application et sa modestie la charmaient.

La petite Victoire, qui dans son enfance faisaient les délices de ceux qui l'entouraient, devint la jeune fille accomplie que l'on donnait pour modèle à ses compagnes. Tout dans sa personne rendait la vertu attrayante (1). Sa bonne grâce lui attirait surtout les enfants ; elle les aimait, les caressait, leur faisait répé-

(1) « Semblavo un ange, Madamisello Aubert ; avié uno figuro d'ange, anèn tout », disait une des premières élèves des sœurs.

ter le catéchisme et les prières que leur apprenait Mlle Madeleine.

M. d'Hugues cultivait avec soin cette fleur tendre et délicate, cette âme prévenue dès sa jeunesse de grâces admirables et sans nombre qu'augmentait chaque jour sa fidélité à y correspondre. Faut-il s'étonner dès lors que le perspicace fondateur ait jeté les yeux sur elle pour en faire la première pierre de l'édifice spirituel qu'il voulait élever à la gloire de Marie immaculée ?

Cependant M. Aubert venait d'atteindre sa quatre-vingtième année. Le vénérable vieillard ne se faisait point illusion ; il sentait ses forces s'affaiblir, mais la mort ne l'effrayait point, il avait si bien employé sa vie ! M. le Curé lui administra les derniers sacrements qu'il reçut avec un vrai désir d'aller à Dieu. Il rendit son âme à son Créateur le 13 février 1807, pleuré et regretté de sa famille et de ses nombreux amis. Sa mort chrétienne fut l'écho de sa longue vie.

Mme Aubert, veuve à quarante-trois ans, quoique bien affligée, se consolait en quelque sorte de la perte de son vénérable époux, au souvenir de la vie édifiante qu'il avait menée jusqu'à sa dernière heure. Elle remerciait Dieu de lui laisser une fille accomplie pour la consoler dans son veuvage, et fondait sur l'aimable jeune fille de grandes espérances pour la tranquillité de ses vieux jours.

Les aspirations de Victoire étaient toutes vers le cloître ; mais aucune maison n'était rouverte depuis les graves évènements de la Révolution. D'autre part, la mort de son digne père lui faisait un impérieux devoir de rester désormais auprès de celle qui lui avait donné le jour, car Victoire aimait beaucoup sa bonne mère, et cet amour légitime et sacré était néanmoins la matière d'un combat continuel. Le cœur de la jeune fille était balancé entre le désir extrême d'être tout à son Dieu, et celui de se dévouer pour la mère chérie qui avait soigné avec tant d'intelligence et de piété son enfance et sa jeunesse.

M. le Curé était seul dépositaire d'un secret qui rendait cette belle âme anxieuse et irrésolue. Il exhortait la jeune fille à se faire un mérite pour le ciel de l'état pénible où était son pauvre cœur. Le sage directeur relevait son courage abattu, et le calme rentrait aussitôt dans cette âme timide. La jeune fille puisait dans les conseils du bon père la force pour soutenir la lutte.

Enfin il plut à la divine Providence de mettre un terme aux continuelles perplexités de la chère enfant : une maladie de quelques jours enleva de ce monde Mme Aubert, à l'âge d'environ quarante-quatre ans (1). L'épreuve fut terrible pour Victoire, qui se voyait désormais seule au monde, en attendant qu'une communauté de vierges se reformât et lui permît d'aller y ensevelir sa vie de prière. L'orpheline allait atteindre sa dix-neuvième année.

III

Premières compagnes

M. le Curé ne perdit pas de temps : après avoir séché les premières larmes de la jeune fille par les consolantes paroles sorties du trésor de son cœur, il la confia à Mlle Anne-Marie Grimaud, âgée de trente-trois ans, laquelle alla demeurer dans sa maison et la considéra dès lors comme une jeune sœur dont Dieu lui avait confié la garde.

La nouvelle compagne de Mlle Aubert cachait un excellent cœur sous un extérieur sévère. Née en 1774, elle avait traversé des temps difficiles et partant subi beaucoup d'épreuves. Cette âme, affermie dans la souffrance physique et les douleurs morales, semblait faite pour soutenir celle de sa jeune amie.

La situation de Victoire, sans appui du côté

---

(1) 7 septembre 1897.

de sa famille (1), et sa détermination de ne point s'établir dans le monde, excita l'intérêt d'une autre personne pieuse, dirigée aussi par M. d'Hugues : c'était Mlle Madeleine Millet, âgée de cinquante ans. La différence d'âge ne nuisait point à leur parfaite union : elles s'aimaient ; elles aspiraient à la même perfection ; en servant le même maître, elles attendaient la même récompense.

IV

Essai de fondation

M. d'Hugues étudiait ces âmes d'élite. Leur piété, leur mutuelle amitié fondée sur l'amour de Dieu, leur aveugle soumission à suivre ses avis charmaient le digne curé ; il s'applaudissait intérieurement d'avoir jeté les yeux sur elles pour l'exécution du pieux projet que depuis quatre ans il nourrissait dans son cœur d'apôtre. C'étaient bien, en effet, les instruments choisis par la divine Providence.

Ces vertueuses demoiselles, pénétrées de vénération et de confiance en leur zélé directeur, répondirent avec enthousiasme à l'appel de la grâce. Elles virent la volonté de Dieu,

---

(1) Elle n'avait que des parents éloignés.

dans la proposition que leur fit M. d'Hugues de travailler ensemble à la gloire de Dieu, par la pratique des conseils évangéliques. On décida de s'exercer à la vie religieuse dans la maison de Mlle Aubert. M. le Curé les réunit en communauté le 19 mars 1808, jour de la fête de saint Joseph.

V

Formation de la communauté
Règlement de vie

Nous avons dit, dans la première partie, qu'en l'honneur de la Sainte Vierge, le pieux fondateur les avait appelées *Filles de la Conception*. M. d'Hugues était aussi très dévot à saint Joseph. Ce grand saint fut choisi pour patron du noviciat et saint François de Sales et sainte Jeanne de Chantal pour patrons secondaires de la communauté.

Voilà la modeste origine de la congrégation des *Filles de la Conception*.

Les servantes de Dieu s'édifiaient les unes les autres par la pratique des vertus, dans l'ordre et en la manière tracés par leur sage directeur. Elles reçurent comme un présent du ciel un règlement écrit de sa propre main, lequel fut dès lors suivi avec la plus grande exactitude. L'heure du lever, la prière, l'oraison, l'assistance à la sainte messe, la réception des sacrements, l'examen de conscience, les heures de silence, etc., etc., tout y était sagement indiqué.

Bientôt on enseigna le catéchisme et la lecture à quelques enfants, et l'on commença à faire avec sollicitude et charité la visite des malades. Chaque matin, deux d'entre elles se mettaient en campagne pour assister non seulement ceux de l'intérieur du pays, mais encore les malheureux que la misère ou quelque accident laissaient parfois sur les chemins ou dans les mines : dans l'un de ces antres, l'une d'elles eut la rencontre d'un protestant qu'elle soigna, instruisit et fit baptiser.

De l'avis de M. d'Hugues et avec l'assentiment de ses compagnes, Mlle Aubert, quoique la plus jeune, fut nommée supérieure, tant ses vertus la rendaient recommandable Cette distinction lui valut le titre de fondatrice. C'était merveille de voir Mlles Millet et Grimaud, bien supérieures en âge, obéir avec joie, sans délai, sans contrôle, comme des enfants bien nées à une mère chérie.

Les nouvelles sœurs, à peine distinguées de la foule par un habit plus simple et plus modeste, recueillaient partout sur leur passage les témoignages de l'estime et de la reconnaissance publiques. Pour elles, heureuses de leur sainte vocation, elles cherchaient à s'en rendre dignes en dépensant toutes leurs forces à la double mission qui leur était confiée : elles se pénétraient des leçons de leur vénérable père et s'appliquaient à suivre, quoique de loin, l'exemple de ses vertus.

Celui-ci, ne voulant pas anticiper sur les vues de la Providence, ne les appelait autrement que par leur nom de maison, précédé du mot *ma sœur*, pour les habituer à se regarder comme les enfants d'une même famille, fondée sur l'amour de Dieu, le Père commun des fidèles.

Le saint fondateur exerçait ses filles spirituelles à l'observation des vœux sacrés qu'elles seraient appelées à prononcer un jour au pied des autels, en présence de nombreux témoins, lorsqu'une voix plus autorisée que la sienne aurait parlé.

En retour de tant de soins, les nouvelles sœurs s'appliquaient à correspondre aux désirs de leur vénérable père ; elles aimaient surtout la sainte pauvreté, compagne de la sainte obéissance.

Le personnel s'accroissait lentement ; les ressources qu'il produisait auraient à peine suffi pour l'entretien des sœurs, et pourtant elles y prélevaient pour assister la misère, à l'exemple de leur charitable pasteur, qui se dépouillait de tout en faveur des pauvres. Bien des fois on les a vues porter de la viande aux malades, pendant qu'elles-mêmes se contentaient d'un pain grossier et de légumes. Tant de privations et d'économie ne satisfaisaient pas l'activité de leur zèle. Sur une simple proposition de M. le Curé, elles s'imposèrent une tâche devant laquelle une charité moins vive eût reculé : chaque dimanche, à l'issue des offices, elles faisaient à la porte de l'église une quête en faveur des pauvres. Par ce moyen, le digne Curé put donner un peu plus d'étendue à ses bonnes œuvres. On le voit, ces pieuses filles ne se réservaient rien pour elles-mêmes, vivant au jour le jour, pleines de foi et de confiance.

M. d'Hugues n'avait garde d'attirer les sujets par la promesse d'un bien-être temporel. A leur présentation, il leur faisait entrevoir une vie pauvre, laborieuse, telle que les saints l'ont comprise dans l'état religieux, telle que l'a préconisée Notre-Seigneur dans le saint Évangile, telle que le pieux fondateur l'a pratiquée lui-même.

VI

Première maison conventuelle

Comme ce petit troupeau, malgré la sévérité qui présidait au choix, allait s'augmentant, la maison de la fondatrice devint insuffisante. Il fallut songer à en chercher une plus vaste et plus commode.

Du côté des vieux remparts était un jardin mis en vente, appartenant à M. Nicolas, de Mornas ; par le conseil de M. d'Hugues, ce terrain fut acheté, l'acte en fut passé le 6 mai 1812. Les sœurs le payèrent insensiblement du produit de leur travail et de leurs économies, car elles ne pouvaient compter sur des secours étrangers.

A ne considérer que les difficultés d'une semblable entreprise, elles auraient senti défaillir leur courage, mais elles eurent toujours foi en la divine Providence. Il faut avouer que, si elles avaient compté pleinement sur son aide, leur confiance ne fut jamais trompée.

L'ardente foi, le zèle intrépide de leur courageux fondateur ne contribuaient pas peu à leur communiquer un pieux élan, pour mettre en bonne voie de prospérité cette petite congrégation formée à peine.

C'était surtout la prière, la prière humble, persévérante, que recommandait le vénéré pasteur, afin de soutenir la lutte engagée depuis quatre ans pour la gloire de Dieu et le bien de l'humanité.

Aussitôt après l'acquisition du jardin, on y transporta les matériaux, et le bâtiment fut commencé. M. le Curé en bénit la première pierre le 12 juin suivant ; les travaux étaient poussés avec activité. Ce n'est pas sans édification que l'on vit les sœurs elles-mêmes prêter le secours de leurs bras pour la construction de leurs pauvres cellules. L'une d'elles, Anne-Marie Faugier, modèle d'abnégation et de simplicité, servit de manœuvre avec une constance exemplaire.

Au commencement de l'année 1813, la maison conventuelle étant prête à recevoir la communauté, l'heureux fondateur se hâta de la bénir, le 12 janvier, et les sœurs en prirent possession. Elle prit alors son véritable caractère, les exercices religieux y furent suivis avec la plus parfaite régularité. La simplicité des sœurs, leur zèle, qui s'inspirait toujours de l'obéissance, leur patience et leur joie au milieu de mille difficultés et de nombreuses privations, tout contribuait à assurer le bonheur, la paix au dedans et le succès aux œuvres du dehors.

M. d'Hugues voyait avec une légitime satisfaction augmenter le nombre de ses filles. Cependant plusieurs nouvelles venues s'épouvantèrent du genre de vie de la communauté ; d'autres, plus généreuses, restèrent fermes dans le désir de s'y sanctifier, quoi qu'il leur en coutât. Aussi, malgré la diversité d'humeurs et de caractères, il y avait parmi les sœurs le plus parfait accord.

VII

Caractère des fondatrices

Mlle Aubert, avec sa piété douce, était extrêmement gaie ; ses réparties charmantes, ses saillies heureuses, ses traits piquants la rendaient l'âme de la récréation.

La sœur Grimaud, au visage sévère, à l'humeur légèrement sombre, était toujours vaincue par la forme originale que donnait à sa conversation la spirituelle fondatrice.

La sœur Millet tenait le milieu entre les deux premières. La naïveté de ses propos la faisait aimer et rechercher. Elle édifiait ses compagnes par la multitude des traits héroïques qu'elle racontait avec beaucoup de verve, tous puisés dans la vie de la Sainte Vierge et des Saints. La sœur Faugier était d'une simplicité incomparable et même fort crédule, mais elle ne se fâchait jamais des petites malices dont la rendaient passible son langage et ses manières rustiques. Cette bonne sœur, n'ayant reçu aucune instruction dans son enfance, n'entendait que le provençal. De là provenaient de nombreux barbarismes qui excitaient l'hilarité de ses compagnes ; souvent même le père fondateur, si grave, si sérieux, ne pouvait s'empêcher d'en rire. Marie Faugier avait le bon esprit de faire cause commune avec ses impitoyables censeurs. Cet esprit sans culture cachait un vrai bon sens et une grande charité.

VIII

Développement de l'œuvre

La communauté se réduisait pour lors à neuf personnes. Le prudent fondateur tenait moins au nombre qu'aux bonnes vocations. Dans sa sollicitude paternelle, il visitait souvent les sœurs, leur faisait des conférences sur l'esprit religieux et leur expliquait leurs devoirs auprès des malades et des enfants. On établit un ouvroir et l'on ouvrit une école. M. le Curé, gémissant sur l'ignorance où le malheur des temps avait plongé la jeunesse, exigeait que les sœurs employassent chaque jour au moins une heure à l'étude. Très savant lui-même, il comprenait mieux que bien d'autres la nécessité pour une sœur institutrice de s'élever au-dessus du niveau d'instruction qu'elle doit à ses élèves.

Après les sollicitudes incessantes et les fatigues occasionnées par la construction de la maison conventuelle et le transfert de la communauté dans ce nouveau local, l'intrépide fondateur avait acquis bien des droits au repos. Hélas! on a vu, dans la première partie de cet ouvrage, en quelle circonstance ce vénérable prêtre avait été ravi à l'affection de ses enfants.

IX

Affliction causée par la mort de M. d'Hugues
Courage des premières sœurs

Sous le coup d'une si grande affliction, on peut s'imaginer la tristesse et l'abattement de Mlle Aubert et de ses chères compagnes, qui regardaient le regretté défunt comme leur père et leur unique appui. Il semblait, en effet, que cette association à peine formée allait se dissoudre. Il n'en fut rien cependant. Ces âmes, en apparence broyées par la douleur, levèrent vers le ciel des regards pleins de confiance. Elles comptaient beaucoup sur la protection de la Sainte Vierge et sur les prières de celui qu'elles pleuraient.

Après avoir rendu les derniers devoirs d'une religieuse affection à leur vénéré pasteur et père, ces filles héroïques reprirent leurs humbles fonctions dans la paroisse. Aucune d'elles n'eut la pensée de regarder en arrière, bien que les commentaires ne manquassent pas dans le pays. On disait : « Cette communauté ne tiendra pas. » Quelques personnes plus clairvoyantes espéraient en sa prospérité, parce que, disaient-elles, c'est l'œuvre d'un saint.

Les bonnes sœurs entendaient sans découragement ces discours contradictoires. Elles demeuraient inébranlables dans la résolution de poursuivre leur but, en luttant avec énergie contre les difficultés.

X

M. L'ABBÉ GUEZ SUCCÈDE A M. D'HUGUES

Comme une mère tendre, Marie Immaculée veillait sur sa famille. Les prières du regretté fondateur obtinrent sans doute de la Reine du ciel à ses filles spirituelles un père digne de lui succéder.

Le 16 juin 1813, M. Jacques-Etienne Laville fut proposé pour remplacer l'inoubliable M. d'Hugues. Dieu permit qu'il n'acceptât pas. Le premier septembre de la même année, M. l'abbé André Guez, natif de Barjac (Gard), fut nommé curé de Piolenc.

M. Guez n'était pas un étranger pour la paroisse ; vicaire à Notre-Dame d'Orange, en cas d'absence il remplaçait M. d'Hugues dans ses fonctions. Il avait assisté à ses obsèques, et c'est lui qui a indiqué par une note la place où son corps vénérable a été inhumé. Ce vertueux prêtre, plein de zèle pour la gloire de Dieu, laissait à Orange les meilleurs souvenirs, même d'amers regrets et de nombreux amis. Les habitants de Piolenc l'accueillirent avec enthousiasme, comme l'envoyé du ciel et le prêtre qui devait le mieux remplacer celui qu'ils pleuraient.

Agé de trente-six ans, M. Guez était vigoureux, intelligent, aimable, pieux et plein d'entrain pour rehausser et embellir les fêtes religieuses. Il cultivait les beaux-arts, surtout la poésie, qu'il alliait utilement avec les saintes fonctions de son ministère.

Tant de qualités si précieuses faisaient pressentir une ère nouvelle de prospérité pour la paroisse.

Le nouveau pasteur ne tarda pas à se dévouer pour ses nombreux paroissiens, comme il l'avait fait à Orange. Plein d'une sainte ardeur, il prit sans hésiter la suite des bonnes œuvres de M. d'Hugues. En faisant revivre le zèle et la charité de son digne prédécesseur, il se concilia l'estime et la confiance, particulièrement des sœurs, qui crurent retrouver en sa personne le père bien-aimé qu'elles avaient perdu.

XI

Il continue l'œuvre commencée par M. d'Hugues

La petite communauté attira surtout son attention. Il continua avec une intelligente sollicitude l'œuvre éminemment utile que M. d'Hugues n'avait pu que commencer ; il la consolida par une bonne et prudente direction ; aussi eut-il la joie de voir un assez bon nombre de sujets, parmi lesquels était une de ses nièces, lui demander comme une faveur insigne d'entrer dans sa famille spirituelle.

Imitant la manière d'agir de M. d'Hugues et s'inspirant de la règle qu'il avait écrite, le zélé continuateur de son œuvre de prédilection tenait dans l'humilité et l'obéissance ces pieuses filles, charmées de trouver dans leur nouveau directeur une main ferme, capable de prévenir le moindre relâchement.

XII

Vocation de la Mère Thérèse de Jésus

Pendant que M. Guez exerçait le saint ministère à Orange, la Providence lui avait confié une âme qui fut particulièrement l'objet de son zèle sacerdotal.

Mlle Suzanne Prat, née à Orange le 6 mai 1791, se sentait fortement attirée à la vie religieuse. Jusque-là sa vocation paraissait marquée pour une congrégation ancienne et fort recommandable, dont la maison-mère est à Paris, et où une de ses sœurs l'avait précédée.

M. Guez se préoccupait sérieusement de l'existence et du développement de sa nouvelle famille spirituelle. Non seulement il s'y intéressait, mais il l'aimait déjà comme un vrai père.

Sa perspicacité avait su découvrir dans Mlle Prat une capacité peu commune et un caractère viril. Il entrevoyait dans cette jeune personne une précieuse auxiliaire ou plutôt une collaboratrice ; il songea dès lors à l'attacher à la communauté naissante. Le succès paraissait difficile : Mlle Prat devait bientôt partir pour Paris, et d'autre part le sage directeur n'aurait pas voulu gêner l'action de la grâce. On peut se rendre compte de la prudence et de la délicatesse avec lesquelles agit M. Guez dans cette tentative, par la lecture de la lettre suivante, extraite de leur correspondance privée et copiée textuellement sur l'original :

« Piolenc, 17 mars 1814.

« Je m'attendais, ma chère fille, aux con-
« trariétés que vous éprouvez relativement à
« la proposition que je vous ai faite de vous
« réunir aux sœurs de Piolenc. Je vous en
« avais prévenu et rien ne doit vous surpren-
« dre. Cependant Mlle Aubert m'a appris que
« vous étiez grandement peinée de ce que
« M. l'abbé Millet vous avait dit. Pour moi,
« je le vois sans peine, persuadé que, si Dieu
« vous destine pour l'œuvre à laquelle je
« m'intéresse, vous persévérerez à tenir la
« parole que vous m'avez donnée. Si au
« contraire vous cédez aux sollicitations des
« autres, je regarderai cela comme une mar-
« que que je me suis trompé à votre égard ;
« car, à vous dire vrai, quelque désir que
« j'aie de vous avoir chez nous, je n'entends
« nullement contrarier les vues de la Provi-
« dence. Je vous ai exposé déjà les motifs

« que j'avais de vous attirer ici : ils sont tou-
« jours les mêmes, mais ils ne sont pas éga-
« lement sentis par les étrangers. On dit en
« proverbe que l'on ne désire bien que ce
« que l'on connaît bien. Les dames de la
« Croix (1) peuvent trouver facilement un
« sujet qui vous remplace parce qu'elles en
« reçoivent un grand nombre ; mais nous qui
« sommes pauvres et peu considérés, nous
« ne vous remplacerons peut-être pas si vous
« nous échappez. Vous nous rendrez un
« grand service en venant ; mais vous serez
« pauvre et vivrez dans l'humilité et dans
« l'oubli. Cela n'est pas du goût de tout le
« monde. D'ailleurs notre communauté com-
« mence, c'en est assez pour décourager une
« jeune personne et pour exciter l'indifférence
« de celles qui voient tout en grand. Quoi
« qu'il en soit, je persiste toujours dans mes
« avis ; c'est à vous à faire voir si vous per-
« sistez dans votre résolution et si vous avez
« le courage de vous donner au bien d'une
« œuvre qui n'a rien d'éclatant, que dis-je,
« d'une œuvre qui est méprisée. Si vous
« disiez à M. Millet que vous choisissez cette
« voie uniquement parce que vous voulez

(1) Les dames du Saint-Enfant Jésus, dites sœurs de Saint-Maur, lesquelles habitaient à Orange la maison des religieuses de la Croix de Saint-André, de Poitiers, avant la Révolution.

« vivre inconnue, pauvre, méprisée et qu'en-
« fin vous suivez votre inclination en le
« faisant, peut-être il ne vous presserait pas
« si vivement de partir pour Paris. Au reste,
« ma chère fille, à l'œuvre on connaît l'ou-
« vrier. Il faut des contrariétés, des épreuves,
« des difficultés pour connaître véritablement
« le fond d'une âme. Quel que soit le parti
« que vous preniez, vous trouverez la croix,
« des peines, car nous ne pouvons entrer
« dans le ciel que par là. La manière dont je
« vous parle vous fait voir que je ne désire
« que l'accomplissement de la volonté de
« Dieu. Je ne vous presse point, mais je vous
« invite à augmenter le nombre des pénitentes.
« En cela je ne crois pas m'opposer aux vues
« de Dieu sur vous.

« Adieu, je vous salue en Jésus-Christ bien
« affectueusement.

« Votre tout dévoué,

« Guez. »

Ces exhortations solides et paternelles pénétrèrent comme une rosée bienfaisante dans l'âme forte et généreuse de Mlle Prat et triomphèrent de ses longues hésitations. Aidée de la grâce et de l'énergie qui faisait le fond de son caractère, elle rompit avec la communauté de Paris. En cela elle s'imposa un double sacrifice, renonçant par cette détermination à la joie légitime de s'attacher à un corps religieux dont sa sœur faisait déjà partie.

Le coup décisif était enfin porté ; Mlle Prat arriva à Piolenc le 15 octobre 1814. La suite justifia les heureuses prévisions de l'habile directeur divinement inspiré. Les sœurs ne tardèrent pas à remarquer la supériorité d'esprit de la nouvelle postulante, de telle sorte qu'elle eut bientôt acquis leur affection et leur confiance. Mlle Aubert, quoique fondatrice, aimait à prendre conseil auprès d'elle pour le gouvernement de la communauté.

Au cours de cette histoire on verra Mlle Prat, sous le nom de sœur Thérèse de Jésus, déployer sans défaillance ses facultés morales et physiques au développement de la congrégation, dont elle a été supérieure générale durant quarante années consécutives.

XIII

Maladie de Mademoiselle Aubert, fondatrice

Vers le milieu de l'année 1815, la communauté, à peine consolée de la perte de son fondateur, pressentait une nouvelle blessure. Mlle Aubert, supérieure et fondatrice, était atteinte d'une maladie extrêmement douloureuse. Les sœurs n'épargnèrent rien pour la conservation de ses jours. Deux années s'étaient déjà écoulées dans des alternatives de crainte et d'espérance. Les médecins ayant jugé qu'un changement d'air pourrait lui être favorable, sur l'avis de M. Guez, on décida de la conduire à St-Ambroix, petite ville très salubre du département du Gard. Ce projet fut mis à exécution dans la première quinzaine de juin. On donna pour compagnes à la chère malade Mlle Suzanne Prat et une prétendante, plus un homme de confiance pour les conduire.

Ces courageuses filles partirent pendant les Cent Jours, au moment où le peuple effrayé criait qu'on allait bombarder Paris. En effet, les troubles de l'époque rendaient ce voyage périlleux, elles y coururent de grands dangers : leur guide s'égara, et, se trouvant dans les bois au milieu de la nuit, la frayeur les saisit ; elles se recommandèrent à la Sainte Vierge et à leurs anges gardiens. L'une d'elles, apercevant dans l'ombre un point lumineux, devina une habitation et conseilla de s'y arrêter. On y consentit, mais ce fut avec beaucoup de peine que l'on parvint à s'en faire ouvrir la porte. Abrités dans cette pauvre masure, le reste de la nuit se passa non sans frayeur et sans inquiétude. Le lendemain on apprit qu'en cet endroit un meurtre venait d'être commis et qu'au lieu d'où nos voyageurs s'étaient retournés il y avait d'affreux précipices. La Sainte Vierge et les anges gardiens eurent la gloire de cette préservation.

XIV

Séjour a Saint-Ambroix

Arrivée à St-Ambroix chez les dames de Saint-Maur, avec lesquelles des rapports d'amitié s'étaient formés précédemment à Orange, la petite troupe reçut de la bonne mère Saint-Michel, supérieure (1) de la maison, l'accueil le plus cordial. Des soins assidus furent donnés à Mlle Aubert. La bonne grâce, l'amabilité de la vénérée supérieure et de ses pieuses filles contribuèrent beaucoup à rendre à la chère malade ce séjour agréable.

Cependant les semaines s'écoulaient, sans laisser entrevoir la moindre amélioration. Affligées de ce peu de succès, ses deux compagnes résolurent de la conduire en pèlerinage à Notre-Dame de Lavals, sanctuaire vénéré, assez distant de la ville. Au jour marqué, elles s'adjoignirent un prêtre, qui devait célébrer la messe à leur intention ; une reli-

(1) Ancienne maîtresse de Mademoiselle Prat.

gieuse de Saint-Maur et quelques autres personnes les suivirent. La position de l'oratoire, dont le voisinage n'offrait aucun abri aux pèlerins, et son éloignement de la ville les obligèrent à partir au milieu de la nuit, pour arriver à l'heure où le saint sacrifice pourrait être offert.

Vers deux heures du matin, la caravane se trouvait dans une forêt ; chacun priait tout bas ; la malade était montée sur un âne, les autres suivaient à pied. Des gémissements interrompirent ce religieux silence : c'était Mlle Aubert, que tourmentait une de ces crises qui venaient quelquefois la surprendre, et donner un nouvel exercice à sa patience. Celle-ci fut terrible. On vit la pauvre malade sans mouvement, sans connaissance, et que faire dans cette solitude ? On la retint comme on put sur sa monture jusqu'au sortir du bois, où l'on vit une chaumière. Sur les instances réitérées de nos voyageuses, une femme vint ouvrir la porte et mit gracieusement un lit à la disposition de la malade, dont l'état devenait de plus en plus alarmant. Ses deux compagnes désolées se confièrent encore en la Mère de miséricorde. Mlle Prat resta auprès de la patiente et engagea le restant de la caravane à suivre le chemin de la chapelle, afin de ne point retarder l'heure du saint sacrifice. Ce conseil fut suivi : tous partirent sans délibérer plus longtemps.

Les portes de cet oratoire solitaire s'ouvrirent avant le jour ; la sainte messe commença. Or, pendant que le prêtre offrait la sainte Victime à l'adoration de ces quelques fidèles consternés, Mlle Aubert ouvrit les yeux, elle se reconnut et demanda qu'on la conduisît à la chapelle pour remercier Jésus et Marie qui lui permettaient de revoir ses chères compagnes. Cette crise l'avait jetée dans un état léthargique qui avait duré près de trois heures. Quoique brisée par une telle secousse, on put la ramener à Saint-Ambroix, où les bonnes religieuses redoublèrent de soins à son égard.

XV

Visite de M. Guez

M. Guez voulut bien aller remercier ces dames de leur affectueuse charité et se rendre compte de l'état de la jeune fondatrice.

Durant son séjour à Saint-Ambroix, et au cours des relations qu'il eut avec la communauté, son caractère bon et aimable se révéla dans toute la beauté de sa riche nature. La parfaite harmonie qu'il rencontra dans celui de la mère Saint-Michel donna lieu à d'intéressants entretiens ; leurs saillies pieuses, spirituelles, lancées à propos, édifiaient les excellentes religieuses. Ces deux âmes d'élite avaient su se comprendre et donner de leur surabondance. Leurs joyeusetés mêmes ne nuisirent jamais au bon ordre et à la régularité.

L'état de la sœur Aubert s'améliorait lentement. Or, à cause des grandes chaleurs, il parut prudent de la laisser encore un peu dans les montagnes.

De retour à Piolenc, M. Guez donna dans sa paroisse une retraite qui eut beaucoup de succès. L'administration diocésaine avait pu enfin lui adjoindre un vicaire, dont le zèle et la piété lui furent d'un grand secours.

Cependant l'état de Mlle Aubert s'améliorait sensiblement ; elle en informa M. le Curé et se plaignit délicatement de n'avoir point eu de nouvelles depuis son voyage.

La réponse qu'elle reçut (1) donne une idée de l'abandon avec lequel M. Guez écrivait à la fondatrice et du zèle qu'il déployait dans sa paroisse :

« Piolenc, 11 septembre 1815.

« J'ai éprouvé une nouvelle satisfaction,
« ma chère sœur, en lisant la lettre que vous
« venez de m'écrire. Je l'attendais de jour en

(1) Copiée textuellement sur l'original.

« jour. Je commençais même à me peiner
« de ce qu'elle n'arrivait pas. Je suis bien
« aise que vous écriviez toute seule et que
« vous me parliez le langage de la simplicité,
« qui est celui du cœur. Le vôtre est toujours
« d'accord avec le mien. Je ne trouve jamais
« à redire quand on exprime naïvement ce
« que l'on pense. Vous croyez que je suis
« votre père et c'est avec raison. Vous avez
« pour moi un attachement sincère et vous
« êtes payée de retour. Je ne sais pas si l'on
« pourrait y ajouter quelque chose. Ménagez
« votre santé et continuez à ne pas vous en-
« nuyer. Le temps s'approche où nous nous
« verrons un peu plus souvent. Vous avez la
« bonté de me demander comment j'ai fait
« mon voyage : du mieux que j'ai pu, mais
« non pas bien, parce que la saison ne le com-
« portait pas. Je passai chez moi le reste du
« samedi et tout le dimanche Je n'y fus pas
« édifié par la dévotion de mes compatriotes,
« qui font à peu près comme à Saint-Am-
« broix, n'ayant pas de plus grandes ressour-
« ces. Je partis le lundi et me rendis à Saint-
« Just, chez mon cousin le curé ; je m'acquit-
« tai ainsi envers lui de la visite que je devais
« lui faire. J'arrivai dans la nuit à Pont-Saint-
« Esprit et à six heures et demie du matin
« **dans notre beau Piolenc. Vous pensez que**

« j'ai cherché à me refaire. J'ai eu l'avantage
« de réussir, non pas en ne faisant rien, mais
« en remplissant les lacunes que mon absence
« avait faites.

« Le dimanche, je fis le prône. Je criai
« comme un perdu (on dit que c'est avec
« raison) contre les pères et les mères qui
« négligent le soin de leurs enfants (1). J'an-
« nonçai aux congréganistes le commence-
« ment de la retraite pour mercredi matin, à
« quatre heures.

« M. l'abbé et moi en avons fait tous les
« frais. M. l'abbé a prêché trois jours de suite
« à l'exercice du soir. J'ai fait le reste et tous
« les exercices du matin : on se levait à trois
« heures et demie ; on commençait par la
« prière du matin, ensuite la méditation en
« chaire, en forme de discours, ou plutôt
« discours en forme de méditation, et enfin
« l'examen de conscience. J'ai eu la conso-
« lation de voir que la retraite a été suivie,
« que l'on s'y est bien comporté et, à ce qu'il
« paraît, que l'on en a profité. Le plan que
« j'ai suivi était meilleur que celui de l'année
« dernière. Nous avons eu beaucoup de
« communions. L'abbé Favier nous a prêché
« le dimanche, à la messe, un beau discours

(1) Ce prône est conservé dans les archives de la Congrégation.

« sur la communion et les dispositions qu'il
« faut y apporter. M. Reboul, de Mornas, a
« prêché à vêpres le sermon de la Sainte-
« Vierge. Pour moi, j'ai babillé comme à mon
« ordinaire, donnant plusieurs avis dont je
« me suis bien trouvé ; par exemple, d'être
« voilée à la messe de communion et pendant
« la procession ; de n'avoir que des habits
« tout blancs ou tout noirs, et défense d'ad-
« mettre d'autres personnes sur les rangs.
« Les habits noirs formaient un corps à part.
« Nous avons chanté vêpres plus tard qu'à
« l'ordinaire. Après les vêpres le sermon, et
« sans désemparer nous avons fait la proces-
« sion. Le temps était superbe, il ne faisait
« point de vent. Le soleil était couché lorsque
« ces deux rangs de cierges allumés, formant
« comme une colonne de feu, contrastaient
« avec le blanc et offraient le plus beau spectacle
« religieux que j'eusse encore vu ; ajoutez que
« le chant nourri et fortifié de mes choristes
« a été cette année au parfait. La cérémonie
« a fini vers neuf heures du soir, et malgré
« tout cela la sœur Millet ne nous a fait grâce
« ni de son rosaire, ni de ses *De profundis,*
« ni de ses *Pater* ; mais Lionnais, le sacris-
« tain, n'a pas eu assez de patience et l'a priée
« d'abréger. Pour moi, ma bonne et chère

« sœur, je n'abrège pas avec vous, parce que
« je connais l'intérêt que vous prenez aux
« plus petits détails de cette nature. J'ai
« voulu vous tout raconter et vous faire part
« de la satisfaction que j'éprouve et de ce
« que le Seigneur a béni notre ouvrage. Nous
« devons donner une retraite à Mornas, la
« semaine avant Notre-Dame du Rosaire. Si
« vous êtes ici, vous pourrez vous dédom-
« mager en y assistant. M. Reboul a jugé à
» propos de renvoyer à cette époque la fête
« de sa congrégation, à cause des soldats au-
« trichiens qu'ils ont à loger. Nous n'en
« avons point heureusement nous-mêmes.
« Ils causent beaucoup de dépenses. Du reste,
« nous sommes très tranquilles, vous pouvez
« rassurer R... On ne dit rien, on fait encore
« moins. Ses parents se portent bien, ils lui
« répondront incessamment ; ceux de S...
« vont bien aussi. La sœur Faugier passa
« chez eux tous le jour de la foire d'Orange.
« Cependant aucun d'eux n'est venu voir
« notre fête, quoique nous eussions beaucoup
» d'orangeois et d'autres étrangers. Nos sœurs
« se portent à l'ordinaire, c'est-à-dire bien.
« Il leur tarde de vous revoir, ainsi que votre
« aimable compagne ; je suis bien aise qu'elle
« ait pris le dessus de l'ennui. Je veux que

« vous lui disiez beaucoup plus qu'elle ne
« m'en dit. Bientôt je la mettrai grande maî-
« tresse de peu d'enfants.

« Mes compliments à R...; je lui recom-
« mande de prier pour moi. Que dirai-je à
« Mme Saint-Michel, qui m'a fait rire de si
« bon goût ? Ah ! je lui dirai : Conservez
« cette belle humeur qui fait le charme de la
« société et n'oubliez pas de me donner une
« nouvelle part dans votre souvenir.

« Enfin, ma sœur, soyez mon interprète
« envers toutes vos compagnes, et recevez
« une marque sensible de mon respectueux
« attachement en Notre-Seigneur.

« Guez. »

XVI

Retour de la Fondatrice a Piolenc. Espoir

Mlle Aubert arriva à Piolenc fin septembre 1815, sinon guérie, au moins fortifiée. Son état donnait moins d'inquiétude et même permettait d'espérer un retour plus ou moins prochain à la santé. Ses filles furent charmées de la revoir au milieu d'elles et s'évertuaient à qui mieux mieux à lui prodiguer leurs soins et leurs prévenances. Elles vivaient heureuses sous la conduite d'une si bonne supérieure.

XVII

Construction de la première chapelle

La première règle écrite par M. d'Hugues prescrivait qu'à défaut de chapelle, Notre-Seigneur fût apporté tous les jours dans la maison pour la sanctifier. Cette sainte pratique s'observait depuis le commencement, grâce à une intelligente répartition des jours de la semaine attribués à chaque sœur pour s'approcher de la sainte table. Le rêve de M. Guez allait plus loin. Son désir, en parfaite union avec celui de ses filles, hâta la réalisation d'un projet, que son digne prédécesseur aurait sans doute conçu et exécuté, si Dieu lui eût prolongé la vie : c'était la construction d'une chapelle. La maison étant assez éloignée de l'église, n'offrait pas toutes les facilités que pouvaient souhaiter la piété des sœurs et la nature des œuvres de zèle qui étaient l'objet de leur institut.

Le bon père gémissait de ne pouvoir donner aux sœurs cette consolation. Cependant, plein de courage, il travailla avec ardeur à la leur procurer. Mais il fallait lutter contre bien des difficultés avant d'arriver à ce résultat, car la communauté était si pauvre que, lorsque les sœurs ne pouvaient résister à la rigueur du froid, elles recouraient à une poignée de paille qu'elles faisaient brûler dans leurs cellules.

En dépit de cette gêne, la chapelle fut commencée au fond du jardin, en face de la maison. La pénurie dans laquelle vivait la communauté ne permettait pas de luxe : M. Guez dressa un plan extrêmement modeste qui fut fidèlement exécuté.

XVIII

Première cérémonie de vêture

Les sœurs voyaient avec joie les travaux de cette chapelle s'avancer. Néanmoins leur situation présente n'était pas conforme à leurs désirs ardents. Non seulement il ne leur était pas encore permis de prononcer en public les vœux sacrés, mais elles n'avaient pas même l'habit religieux. M. Guez connaissait leurs dispositions et jugeait qu'un postulat de quatre à huit ans était assez long. Après avoir consulté Dieu dans la prière, il en écrivit à M. Collet. Voici la réponse qu'il en reçut :

« Avignon, 9 janvier 1816.

Monsieur le Curé,

« Je ne puis qu'applaudir à votre zèle pour
« le bien et l'avantage des fidèles que la Pro-

« vidence a confiés à vos soins. Vous pouvez
« bénir et donner un habit de religion aux
« vertueuses filles que votre respectable
« prédécesseur avait réunies en communauté.
« Il me paraît qu'un habit simple et modeste
« convient à des personnes qui ne sont pas
« sous la clôture, d'autant mieux que ce qui
« peut se faire pour le moment n'est que
« provisoire. Je consens bien volontiers que
« les sœurs continuent à réciter en commun
« le petit office de la Conception. Je demande
« avec instance qu'elles prient le Seigneur
« pour moi. Vous êtes aussi autorisé à rece-
« voir les vœux simples et annuels que leur
« piété les porte à faire.

« J'ai l'honneur d'être, M. le Curé, votre
« très humble et très obéissant serviteur.

« Collet, Vicaire général. »

La lettre de M. le Vicaire général consola le cœur de M. Guez. Impatient de donner la bonne nouvelle à ses chères sœurs, il courut la leur communiquer pendant la récréation, qui fut ce jour-là plus animée que de coutume. A cette époque, les affaires se traitaient en famille. Il n'était point question dans la lettre des noms de religion. On y suppléa. Le bon père, toujours d'une humeur charmante, s'amusa beaucoup de la façon originale avec laquelle chacune voulait choisir le sien. Après quelques instants de joyeux débats, il prit un ton sérieux et désigna à chacune le nom qu'il avait lui-même choisi : personne n'osa répliquer.

Mlle Aubert, dont l'innocence et la sainteté étonnaient de plus en plus M. Guez, fut appelée sœur des Anges.

Mlle Millet, qui remplissait avec intelligence les fonctions d'économe, reçut le nom du pourvoyeur de la sainte Famille, sœur Saint-Joseph.

Mlle Grimaud fut nommée sœur Ste-Angèle, à cause de son aptitude à élever les enfants.

La plus ancienne après les fondatrices, Anne-Marie Faugier, fut très heureuse de recevoir un nom dont elle se croyait indigne : on l'appela sœur Cœur-de-Marie.

Mlle Prat, entrée au couvent le 15 octobre, demanda et obtint d'être nommée sœur Thérèse de Jésus.

Les autres sœurs acceptèrent religieusement les noms qui leur furent imposés par M. Guez, en attendant que l'on fît une prise d'habit solennelle. On convint de préparer cette première vêture pour le 6 du mois de mai suivant. La chapelle serait terminée, et l'on aurait eu le temps de la pourvoir d'ornements nécessaires.

M. Collet, vicaire général, voulut bien accepter de se rendre à Piolenc au jour fixé. Plusieurs autres prêtres répondirent à l'aimable invitation de M. le Curé. C'étaient M. Reboul, curé de Mornas, M. Andéol Collet, curé de Sérignan, M. Nicolas Bourdet, curé de Lapalud, et M. l'abbé Roche, vicaire de la paroisse.

L'annonce de cette cérémonie, d'un nouveau genre pour Piolenc, attira beaucoup de monde.

M. le Vicaire général, en sa qualité de délégué de l'évêque d'Avignon, officia. Il commença par la bénédiction de la chapelle, célébra la sainte messe, après laquelle eut lieu la cérémonie de vêture. L'assistance était nombreuse ; c'était une fête de famille pour toute la population, qui avait vu naître la communauté et ne cessait de la bénir. On était heureux, mais nul autant que les dix nouvelles reçues. Il fallait qu'elles fussent vraiment appelées à cette congrégation, pour avoir supporté l'épreuve avec une si constante générosité ; car à cette époque quelque couvent rouvert les aurait admises volontiers.

Un puissant souffle de piété passa dans l'âme des nouvelles religieuses : la ferveur était plus grande, l'obéissance plus facile : la grâce du St-Esprit se manifestait visiblement.

XIX

Accroissement du personnel. Anxiété de la sœur des Anges

Quelques prétendantes firent leur entrée dans l'espace d'un mois. La communauté avait revêtu plus amplement sa forme et sa dignité de congrégation régulière. Les élèves vinrent en plus grand nombre, de sorte que, pour la deuxième fois, le local devint trop exigu. Il fallait penser à se loger ailleurs. Mais où trouver dans le pays une maison assez vaste, ayant cour et jardin ? Là était l'embarras.

La bonne sœur des Anges aimait à considérer l'état prospère de sa maison. D'un autre côté, elle regrettait d'avoir laissé construire la chapelle dans un lieu qu'il faudrait peut-être abandonner bientôt.

Cette considération était aussi une épine au cœur de M. Guez, qui avait pris l'initiative et avait usé d'ingénieux moyens pour atteindre son but. Il regrettait d'avoir causé à la communauté une dépense qui allait devenir inutile. Toutefois, l'infatigable pasteur ne se découragea point, il employa le suprême procédé pour réussir en tout, la prière.

Les religieuses, excitées par l'exemple de leur bon père, commencèrent une série d'exercices où la mortification entrait pour une large part. Après la Sainte-Vierge, tous les saints furent invoqués, ceux surtout que le vénéré M. d'Hugues avait donnés pour protecteurs à sa congrégation.

XX

Acquisition des ruines de l'ancien chateau

Près de l'église étaient les bâtiments de l'ancien château(1), lesquels, depuis longtemps abandonnés et presque en ruines semblaient hors d'état de pouvoir jamais devenir un lieu d'habitation. A défaut de presbytère, M. Guez occupait la partie la moins délabrée. La commune servait un modeste loyer au sieur Alamel, qui en était propriétaire. Celui-ci, désirant se défaire de ce local et de ses dépendances, sollicita M. le Curé de proposer le tout aux religieuses pour y établir leur couvent. Cette idée fut transmise à la sœur des Anges et à ses compagnes ; toutes l'accueillirent fort bien, car le voisinage de l'église et l'ancienne destination de ces ruines les rendaient chères à leur cœur. Et puis, de quoi

---

(1) Habité jadis par les Bénédictins de Cluny.

ne s'accommode pas l'abnégation religieuse ? Néanmoins la perspective de nouveaux embarras pécuniaires les faisait reculer. A peine libérées des dernières dépenses, n'était-ce pas téméraire de replonger la communauté dans la gêne ? La santé des sœurs n'en souffrirait-elle pas ? Ces sages considérations n'étaient pas de nature à donner du courage. De plus en plus hésitantes, la sœur des Anges et la sœur Thérèse de Jésus allèrent exprimer leurs craintes à M. le Curé. Celui-ci, comme inspiré, leur répondit d'un ton solennel, à peu près en ces termes : « Mes chères sœurs, où est votre confiance ? Avez-vous déjà oublié que la divine Providence, dans les bras de laquelle vous vous êtes jetées, ne vous a jamais fait défaut ? Et quels vides depuis lors n'a-t-elle pas comblés ! Pouvez-vous douter de sa bonté, favorisées comme vous l'êtes depuis la naissance de votre congrégation ? Avez-vous donc prié sans espérance ? Quels sont les motifs qui vous portent à douter de la puissance de Dieu, de la protection de Marie, votre mère et votre patronne ? »

Ces paroles, prononcées avec un accent de pleine conviction, ranimèrent le courage et la confiance de la sœur des Anges et de son assistante. Elles allèrent immédiatement les transmettre à la communauté, qui d'un commun accord opta pour l'acquisition du vieux château. Les sœurs promirent d'employer toutes leurs forces pour mener à bonne fin cette entreprise importante. Informé et charmé de cette résolution, M. Guez traita avec le propriétaire en qualité de fondé de pouvoirs : la vente fut consentie, et le 4 août 1817 l'acte fut passé et signé.

Comme on le sait, la communauté était à bout de ressources. Or, afin de ne pas contracter une trop forte dette, les sœurs promirent de donner en échange, pour une partie du paiement, la maison qu'elles habitaient, en se réservant le jardin où était bâtie la chapelle.

On commença de suite à déblayer le terrain, et les travaux furent activement poussés. Plein de zèle et d'ardeur, M. le Curé ne dédaigna pas de faire chômer sa muse poétique pour s'occuper de maçonnerie et, du reste, prêtant ses bras et ses épaules afin de hâter l'achèvement de cette nouvelle construction objet de ses sollicitudes. Les religieuses aidaient aussi dans la mesure du possible. Sœur Cœur de Marie reprit bravement ses fonctions de manœuvre. Les moins fortes façonnèrent à l'aide d'un couteau les loquets en bois, que l'on voit encore comme unique **fermeture des cellules.**

Comme précédemment, la confiance en Dieu était la trésorière, et l'on s'étonne que le travail et l'économie de ces bonnes sœurs aient pu suffire à payer les ouvriers et les matériaux, car les quelques dots minimes provenant des postulantes devaient servir à payer le fonds.

XXI

Dernière maladie
et mort de la Mère fondatrice

Le nouveau couvent fut terminé au mois de juillet 1818 ; les sœurs s'apprêtaient à s'y installer. Il ne fallait rien moins que le voisinage de l'église et la nécessité, pour les déterminer à sortir de l'autre maison, ce premier berceau de la congrégation, consacré par le souvenir de M. d'Hugues et encore tout rempli de l'odeur de ses vertus.

Il fut décidé qu'avant de laisser la chapelle on ferait une prise d'habit. La cérémonie devait avoir lieu le 21 septembre, fête de saint Mathieu. Les jours suivants, tout le personnel devait prendre possession de l'ancien château, aménagé pour la communauté et pour recevoir des pensionnaires. Il n'en fut rien cependant. Lorsque la première habitation avait été construite, les sœurs eurent la douleur de perdre en la personne de M. d'Hugues un père et un modèle, et au moment de s'établir dans la nouvelle, Dieu éprouva fortement encore leur sensibilité. On a vu plus haut les moyens employés à l'effet de prolonger les jours précieux de la vertueuse fondatrice. Durant une certaine période on avait espéré sa guérison. Elle seule sentait diminuer ses forces, et par vertu comme par amour pour ses chères filles, elle s'associait de tout cœur à la joie commune et souffrait sans cesser d'être aimable ; de sorte que rien ne faisait pressentir un malheur. On la voyait sans trop d'inquiétude se décharger insensiblement du soin de la maison sur la sœur Thérèse de Jésus. M. Guez supposait en cela une simple marque de confiance. Une crise soudaine de la cruelle maladie si longtemps combattue vint mettre ses jours en danger. Tout fut inutile : les prières, les mortifications de ses filles restèrent impuissantes auprès de l'adorable volonté de Dieu. La pieuse mourante demanda et reçut les derniers sacrements avec une grande piété. M. Guez les lui administra au milieu des larmes et des prières. Toutes les sœurs assistèrent aux derniers moments de leur digne mère et reçurent de sa bouche des paroles de bénédiction. L'ange de la mort vint faucher cette fleur odorante dans son plein épanouissement.

La vertueuse fondatrice ferma les yeux à la lumière de ce monde, à l'âge de trente ans environ, le samedi 19 septembre 1818, au milieu des sanglots de ses filles désolées.

Dire que la sœur des Anges fut un ange au lit de la mort comme elle l'avait été durant sa vie et ses longues souffrances, c'est résumer en deux mots l'existence de cette sainte fille. M. Guez a fait son éloge dans l'acte de son décès par la mention suivante : « Morte hier, pleine de vertus (1). »

La sœur des Anges était non seulement vénérée de ses filles, mais de la paroisse entière. Elle emporta les regrets de tous, surtout de sa communauté qu'elle laissait inconsolable. Du haut du ciel, où Dieu sans doute a couronné ses vertus, elle protège encore par ses prières la famille religieuse dont elle a été la mère, le modèle, la bienfaitrice et qui conserve précieusement son culte et sa mémoire.

La mort, en brisant cette faible tige, n'a pas

---

(1) L'an 1818 et le 20 septembre, enterrement de dame Marie-Rose-Victoire Aubert, religieuse de la communauté des Filles de la Conception, de Piolenc, sous le nom de sœur des Anges, morte hier pleine de vertus, à l'âge de trente ans, après avoir reçu tous les sacrements de l'Église. Elle a été ensevelie à côté de la fosse de mon digne prédécesseur, M. d'Hugues, derrière le chœur de l'église paroissiale. GUEZ.

(*Registre de la paroisse, année 1818.*)

atteint sa sève fécondante : de vigoureux rameaux étendent leur ombre protectrice sur de nombreux enfants, pour les préserver des émanations délétères qui s'exhalent du sein d'une société dégénérée et pervertie.

La fin prématurée de la jeune fondatrice fut un coup de foudre pour M. Guez, qui espérait la conserver encore. L'intelligent curé avait pu, durant cinq années consécutives, apprécier les qualités rares de celles qui venait de quitter la terre pour un monde meilleur. Après Dieu, il comptait beaucoup sur l'éminente sagesse de la jeune supérieure. Toutefois, soumis à la volonté du ciel, qui ne consulte pas ses enfants lorsqu'il veut les éprouver, et encouragé par la ferveur et la force chrétienne de ces saintes filles, il ne négligea rien pour assurer les progrès de l'œuvre. Il sut leur inspirer l'esprit de leur saint état au plus fort de l'épreuve, leur rappelant sans cesse l'innocence, la ferveur, la patience, la charité, l'humilité, la douceur, la pauvreté, l'obéissance dont leur vénérée mère avait donné pendant sa vie de si beaux exemples.

On trouve dans les archives de la congrégation quelques stances, composées pour sa fête, dont voici la dernière :

Supprimons toutes les louanges
Dont ce chaste front rougirait ;
En disant qu'elle est sœur des Anges,
Nous l'aurons peinte trait pour trait.

XXII

Première élection
de la Mère Thérèse de Jésus

Après ce douloureux événement, il y eut entre les sœurs un combat édifiant d'humilité ; aucune ne voulait se charger des clefs de la maison, dans la crainte de s'exposer par là à garder le gouvernement.

Sœur Thérèse de Jésus les adjugeait à la sœur Saint-Joseph, une des fondatrices, intelligente autant que pieuse. Celle-ci se cachait pour échapper au piège : elle avait bien des motifs pour supposer qu'on penserait à elle, et cela sans amour-propre. Pendant qu'on la cherchait, elle était allée témoigner ses appréhensions et ses craintes à M. Guez, qui, trouvant ses raisons péremptoires, la renvoya satisfaite.

L'essai qu'avait fait sœur Thérèse de Jésus durant le gouvernement de la regrettée sœur des Anges, ne laissait plus de doutes sur ses **aptitudes pour la supériorité**. M. Guez eut quelque peine à lui faire accepter la charge d'assistante déléguée, en attendant que l'élection se fît en bonne forme. Et pourtant, ayant collaboré avec la jeune fondatrice durant plusieurs années, sœur Thérèse de Jésus pouvait mieux que toute autre faire l'intérim. Il faut dire à sa louange que les sœurs vécurent sous sa conduite avec beaucoup de charité et une grande édification, la considérant comme leur mère. Elle ne comptait pas sur ses propres industries pour opérer le bien parmi ses compagnes. Son premier soin fut d'aller, avec beaucoup de simplicité, déposer les clefs entre les mains de la Sainte-Vierge en lui disant : « Bonne Mère, gouvernez votre famille ; nous vous appartenons et nous sommes incapables de nous conduire dans les voies de la sagesse. »

Cet acte de piété confiante augmenta l'estime que la communauté avait pour la digne assistante, et contribua dans une large mesure à la bonne harmonie des cœurs.

En même temps que la sœur des Anges quittait la vie, une autre sœur était dans un état de santé qui donnait de vives inquiétudes. Le lendemain des funérailles, l'infirmière vint trouver sœur Thérèse de Jésus et lui dit bonnement : « Ma sœur, il faut un poulet pour notre malade ; le médecin l'a dit ; ayez la bonté de me donner de l'argent. » — « Bien, mais combien croyez-vous que notre mère nous ait laissé ? Cinq francs, et nous en devons quatre. » En effet, on avait eu besoin d'un ustensile pour le ménage, l'objet acheté pendant ces tristes jours n'avait pas été payé. Néanmoins, comme les sœurs continuaient à travailler, le poulet fut acheté et depuis lors la communauté n'a plus manqué du nécessaire.

Bien que sœur Thérèse s'acquittât très bien de son mandat, la situation ne pouvait être prolongée. Il fallut pourvoir au bien de la congrégation, par le choix d'une supérieure, afin qu'il y eût plus d'autorité dans le gouvernement et plus de force et de portée dans les efforts d'une charité commune.

Le 19 octobre suivant, un mois après le décès de la sœur des Anges, l'élection eut lieu. M. Guez la présida comme délégué de M. Collet, vicaire général.

Le choix de la communauté tomba sur la sœur Thérèse de Jésus, qui fut proclamée supérieure générale (1). Les antécédents de la nouvelle élue faisaient pressentir ce résultat, aussi fut-elle acclamée de toutes ses compagnes.

(1) On s'étonnera peut-être du titre de supérieure générale, alors que la Congrégation n'avait que la maison de Piolenc. On le décida ainsi parce que plusieurs demandes d'établissements avaient été faites et l'on allait y pourvoir.

Le surlendemain eut lieu la cérémonie de vêture, différée jusqu'à ce jour à cause du décès de la mère des Anges.

XXIII

Douleur, Regrets

Le vide fait au cœur de la mère Thérèse de Jésus, par la mort de la vénérée fondatrice, était difficile à combler. Sa douleur se renouvela et sembla s'augmenter lorsqu'il fallut quitter pour toujours l'asile aimé d'où cette belle âme s'était envolée vers un monde meilleur. Le nouveau bâtiment ne disait rien encore au cœur de la mère Thérèse. Il fallut s'y installer néanmoins. « Cette chère sœur « des Anges, se disait-elle, aurait été si heu- « reuse d'habiter près de la maison de Dieu ! « Elle aimait tant Notre-Seigneur caché dans « le saint Tabernacle ! Combien de fois serait- « elle allée se jeter à ses pieds pour l'adorer ! » En écrivant à un membre de sa famille, la mère Thérèse de Jésus s'exprime ainsi :

« J'ai beaucoup perdu en perdant ma bonne « et sainte mère. Je l'aimais comme tu ne « peux te le figurer. Elle était si bonne, si « douce, si pieuse ! Non, rien ne peut sécher « mes larmes. Notre parfaite amitié, puisée

« dans le cœur de Jésus, nous rendait mutuel-
« lement heureuses.

« La vie entière de cette chère mère était
« un puissant stimulant pour la pratique des
« plus belles vertus parmi nos sœurs (1). »

Chose assez rare, ces deux natures diamé-
tralement opposées se complétaient l'une par
l'autre. La douceur, la condescendance de la
fondatrice corrigeaient, atténuaient, pour ainsi
dire, la sévérité naturelle de son assistante.

De même que l'harmonie est produite par
la combinaison des sons divers, on ne doit
point s'étonner que l'entente dans une maison
religieuse ressorte parfois de la variété des
caractères, lorsque chacun sait immoler son
esprit propre à la charité commune. Ce résultat s'était opéré au commencement de la fondation : le sérieux de M. d'Hugues contras-
tait avec l'aimable gaieté de Mlle Aubert, sans
préjudice de leur conformité de vue.

La constante amabilité de M. Guez, les
charmes qu'il savait donner à la piété la plus
solide, ne ressemblaient en rien à la dévotion
austère, aux entretiens sérieux de la mère
Thérèse de Jésus. Cependant, le plus parfait
accord régnait entre eux. Ces deux grandes
âmes savaient que l'union fait la force. Chacune mettait ou retranchait à propos de son

(1) Archives de la Congrégation.

naturel pour le bien général. De cette manière se consolidaient à leur exemple la concorde, la paix et la charité, conditions indispensables pour trouver dans la religion le bonheur promis à ceux qui ont le courage de tout quitter pour Dieu.

XXIV

Début du gouvernement de la Mère Thérèse de Jésus

L'arrivée de la mère Thérèse au gouvernement fut pour la congrégation l'aurore d'un nouveau jour. Sa vaste intelligence allait trouver un aliment à sa précieuse activité. Avant de rien entreprendre, elle fit prier et pria beaucoup, assurée que la créature la mieux douée n'est qu'un faible instrument entre les mains de la Providence. Comme sa séraphique patronne, elle se disait : « Thérèse et cinq pistoles, ce n'est rien ; mais Jésus et Thérèse c'est tout (1). »

Après Dieu, M. le Curé fut le premier consulté pour la distribution des charges et des emplois. Les sœurs qui avaient pris part à l'élection nommèrent sœur Sainte-Angèle Grimaud assistante ; par ordre du directeur,

(1) Vie de sainte Thérèse. Fondations.

la mère Thérèse se réserva la formation des novices.

Avant d'assigner à chaque religieuse son emploi particulier, elle les réunit en chapitre et leur parla en ces termes : « L'objet de cette
« réunion, mes chères sœurs, est pour vous
« faire connaître mes sentiments à l'égard de
« ce qui vient d'avoir lieu parmi nous ; je ne
« serai pas longue, car vous savez qu'à l'oc-
« casion de la prise d'habit de trois de nos
« filles, je suis doublement occupée, ayant à
« les préparer, sans négliger les affaires de la
« maison. Je commence par vous avouer que
« la charité et le désir de vous être utile en
« faisant la volonté de Dieu peuvent seuls
« m'empêcher de secouer le fardeau que vous
« m'avez imposé. Je reconnais tous les jours,
« par ma propre expérience, combien il est
« plus facile d'obéir que de commander, par
« devoir, des choses qui ne sont pas agréables.
« C'est un vrai martyre pour moi quand on
« ne fait pas de bonne grâce ce que la nécessité
« m'oblige de commander. Me voici disposée
« à me sacrifier pour vous ; mais, malgré cette
« volonté déterminée, je ne peux satisfaire
« tout le monde. Incapable de faire tout par
« moi-même, je me décharge d'une partie de
« ma tâche sur ma chère sœur Sainte-Angèle,
« que vous m'avez donnée pour assistante.

« Notre père spirituel approuve cette mesure,
« comme il vous le dira lui-même, dès le
« moment qu'il pourra vous convoquer (1). »

Toutes les sœurs promirent à la nouvelle supérieure la plus filiale obéissance, soit qu'elle donnât ses ordres directement, ou qu'elle les leur fît transmettre par sa vertueuse assistante.

Le surlendemain 21 octobre 1818, eut lieu la cérémonie de vêture ; on la fit, cette fois encore, dans la chapelle du jardin des remparts. Cette fête, si joyeuse deux ans auparavant, fut ce jour-là empreinte de tristesse au souvenir de la chère et regrettée sœur des Anges.

XXV

Premiers établissements hors de Piolenc

Du vivant de la mère fondatrice, quelques curés des environs avaient souhaité de créer une école et un hôpital dans leur paroisse et d'en confier la direction aux sœurs de Piolenc. Leur demande avait été favorablement accueillie ; le choix des sujets était même prévu ; toutefois, la fondatrice étant très malade, on attendait l'exécution des décrets du ciel sur elle pour sanctionner ce choix. Trois jours

---

(1) Archives de la Congrégation.

après l'élection de la mère Thérèse de Jésus, quatre sœurs partirent pour fonder les deux premiers établissements, Sérignan et Rochegude, fermés en 1834.

XXVI

Nouvelles épreuves, Procès, Incendie

Le gouvernement de la mère Thérèse de Jésus avait pris naissance dans la douleur, il se consolida par des épreuves d'une autre nature.

Si les contradictions sont le sceau des élus, évidemment l'action de la Providence s'est révélée sur une Congrégation dont les progrès ont été ralentis par bien des contre-temps. Une cruelle épine la blessa, ce fut la ténacité avec laquelle on osa lui disputer les premières libéralités qui lui furent faites (1). La vérité se montra dans tout son jour ; les démarches hostiles cessèrent, mais une nouvelle affliction continua d'exercer la vertu des bonnes religieuses.

Au milieu de l'année 1819, par l'imprudence d'une bonne fille, le feu prit à une dépendance

---

(1) Les petits cousins de la sœur des Anges, peu satisfaits des legs faits en leur faveur, attaquèrent son testament, mais ils perdirent cet injuste procès.

du couvent, pour lors inhabitée, mais remplie de matières combustibles : un violent incendie se déclara vers six heures du soir. L'embrasement devint si effroyable que les rouliers qui passaient sur la route royale ne voulurent pas séjourner dans Piolenc, croyant que tout le pays allait brûler. Les gendarmes de Mornas avaient les mêmes craintes, ils envoyèrent à Orange chercher des pompiers.

Une sœur infirme, voyant les flammes devant sa cellule, cherchait avec peine à s'en préserver, pendant que ses compagnes, mêlées à la foule accourue, travaillaient à les éteindre.

M. Guez, averti du sinistre par le bruit des voix d'un peuple affolé, interrompit la prière du soir qu'il faisait dans l'église avec un nombre considérable de fidèles, selon la pieuse coutume établie par M. d'Hugues.

Plein de foi et d'ardeur, le pieux curé, considérant que les manœuvres précipitées n'arrêtaient pas l'activité du feu, rentre dans l'église, sort en tremblant le saint ciboire du tabernacle et vient se placer sur le perron, en face du sinistre, comme pour donner la bénédiction du Saint-Sacrement. Aussitôt les flammes s'apaisent ; devenues presque invisibles, elles continuent de consummer ce qui était sous leur action, mais tout danger pour le voisinage était conjuré. Dieu voulut ainsi récompenser la foi du saint prêtre, sans priver la communauté du mérite de l'épreuve.

Après cet accident, les bons habitants de Piolenc, sur une simple invitation de leur pasteur, offrirent leurs bras et leurs matériaux pour la reconstruction du local incendié. Grâce à ce dévouement, la maison fut remise dans son premier état. La Congrégation leur conservera toujours de la reconnaissance pour cette marque d'attachement.

XXVII

Première autorisation pour l'enseignement primaire

L'école des sœurs croissait toujours, sans autorisation préalable. La mère Thérèse de Jésus, dont la vue portait loin, voulut se mettre en règle. Et, bien que les exigences de l'époque fussent bien au-dessous de celles de notre temps, elle ne voulut pas se trouver en défaut.

M. Chanabas, maire de Piolenc, lui délivra un certificat, sorte d'autorisation qu'il fit ratifier par M. le sous-préfet d'Orange, le 13 octobre 1819, et ensuite par M. le Préfet de Vaucluse, le 20 décembre suivant. Dès lors les sœurs n'eurent à craindre aucune hostilité dans l'exercice de leurs fonctions d'institutrices. Il leur fut permis, en outre, de prendre des pensionnaires à qui on enseignait simultanément la doctrine chrétienne, la lecture, l'écriture, la grammaire, le calcul, la lingerie et la broderie en tous genres. On les initiait parfois aux détails du ménage.

XXVIII

Fondation de l'hopital

Ces élèves, dont l'âge variait entre dix et quinze ans, étant devenues assez nombreuses, donnaient un surcroît d'occupations aux sœurs chargées du matériel. Comme fâcheuse conséquence, les visites des malades à domicile étaient souvent négligées. Cet état de choses donnait de l'inquiétude à la mère supérieure. Elle communiqua sa peine à M. le Curé d'abord, puis à M. le Maire. Ces Messieurs comprirent la nécessité de fonder un hôpital ; le pays, étant sur la route royale, se trouvait plus exposé à recevoir les voyageurs que la maladie ou quelque accident forçait à s'y arrêter.

Cet établissement charitable fut créé par les soins de la municipalité. Une maison sise au bas du pays fut affectée à cette œuvre. La courageuse sœur Cœur-de-Marie en eut la direction. Elle y était seule religieuse, toute disposée à ne céder à aucun autre, sauf l'obéissance, l'exercice de ses humbles fonctions d'infirmière. Durant trente-trois années non interrompues, cette fille intrépide s'est tenue, autant que la situation le demandait, au chevet des malades et des mourants, prodiguant à chacun les soins corporels les plus dévoués et leur procurant à l'heure suprême la consolation des derniers sacrements (1).

XXIX

Premières sœurs converses

C'est à l'époque de la fondation de l'hôpital qu'apparaissent les premières sœurs converses. Imitant l'usage introduit dans plusieurs ordres religieux, M. Guez fit cette distinction parmi les sujets en vue de favoriser l'appel de Dieu chez les jeunes filles qui avaient été en service, ou dont l'esprit n'était pas suffi-

---

(1) Devenue aveugle dans sa vieillesse et retirée au couvent, elle s'occupait tout le jour à prier et à filer ; jamais elle ne manqua de se rendre à l'église pour les offices. Plusieurs personnes s'empressaient d'aller à sa rencontre pour la conduire à son banc. Toujours également mortifiée, on ne la vit jamais, au réfectoire, refuser ce qui était servi à la communauté, ni demander autre chose ; et lorsque son âge et ses infirmités obligèrent les supérieurs à la dispenser du jeûne,

samment susceptible de culture pour se livrer à l'enseignement. Il fallait du reste des sœurs occupées d'une manière spéciale au travail matériel, afin de suffire aux œuvres diverses qui, outre l'éducation de l'enfance, seraient confiées à la Congrégation.

XXX

Origine de la tribune de l'église de Piolenc

Le voisinage de l'église était avantageux pour les sœurs ; elles n'avaient qu'une cour à traverser ; néanmoins M. Guez cherchait à leur rendre encore plus facile l'accès de la maison de Dieu. Une bonne occasion se présenta, M. Guez la saisit pour atteindre son but.

M. le baron de Serres avait cédé verbalement à perpétuité son banc de l'église à la communauté. Ce banc, placé près de la balustrade du sanctuaire, du côté de l'épître, convenait admirablement à M. Chanabas

---

elle craignait d'accorder à la sensualité en prenant, le matin, un peu de pain trempé dans une infusion sans sucre. Disons en passant que la bonne sœur Cœur-de-Marie avait le talent d'arrêter les langues médisantes sans offenser personne. Si on lui rapportait des choses déplaisantes, elle se contentait de répondre : « Laissez-les faire, laissez-les dire. » Un jour on vint lui dire : « Ma sœur, notre voisin M... cueille les figues de vos terres. » — « Laissez-le faire, répondit-elle, il n'usera jamais par ce produit de vaisselle d'argent. »

pour s'y placer avec ses adjoints durant les cérémonies religieuses. Sur la proposition de M. Guez et du consentement de la mère supérieure, le banc fut concédé à la mairie. En échange, M. le Maire permit aux sœurs de pratiquer une ouverture grillée dans la tour de l'horloge donnant sur la nef principale en face du maître-autel : c'est la tribune actuelle.

Malgré l'authenticité du fait, l'usage de cet emplacement a été souvent contesté et enfin racheté par la donation d'un terrain sur lequel est construite la chapelle de la Sainte-Vierge, du côté de l'épître.

Lorsque les sœurs furent en nombre suffisant, elles psalmodièrent l'office de l'Immaculée-Conception à la tribune (1821).

M. Guez, qui savait donner une tournure agréable aux observations les plus sérieuses, leur envoya, à l'heure de la récréation, un quatrain dans lequel était gracieusement expliquée la manière de faire ce pieux exercice avec dignité et profit. Elles comprirent la leçon, et désormais elles récitèrent le saint office lentement et d'une voix plus modérée.

Le successeur de M. Guez fit abolir la coutume de psalmodier à la tribune, il craignait que cela ne gênât la dévotion privée des fidèles qui venaient à l'église prier à toute heure du jour.

TROISIEME PARTIE

I

Sollicitudes de M. Guez
pour l'avenir de la Congrégation

Le zèle de M. Guez pour le bien général de la Congrégation ne fut point arrêté par la maladie dont il souffrait depuis plusieurs mois. Dans les moments où ses cruelles douleurs lui laissait un peu de calme, il écrivait à la supérieure ou aux sœurs ce qu'il leur aurait dit de vive voix s'il eût pu aller au couvent. Son œil observateur voyait bien des choses à édifier et à modifier, malgré la bonne volonté de chacune à bien faire. Il craignait que l'excessive activité de la supérieure ne devînt un écueil pour elle et pour son gouvernement. C'est qu'en effet les charges, distribuées avec une vraie sagesse, n'étaient souvent qu'un vain mot : par un excès de zèle, elle les remplissait toutes ou à peu près toutes.

A ce sujet, l'intelligent et prudent directeur lui fit passer une instruction écrite dont nous extrayons ce passage : « Je vous l'ai dit cent
« fois, donnez des ordres et faites faire le
« matériel ; mais vous pensez qu'il faut vous
« en charger. J'espère qu'à quarante ans vous
« serez plus prudente et que vous saurez
« vous faire remplacer en bien des choses.
« Vous avez besoin d'agrandir le cercle de
« vos connaissances, et vous n'y pensez pas ;
« vous aimez mieux vaquer à des œuvres
« que la dernière peut faire aussi bien que la
« première. Tenez-vous occupée aux choses
« sérieuses et intellectuelles. Cela peut avoir
« lieu sans négliger la surveillance générale,
» car, ne vous y trompez pas, tant que les
« minces détails matériels vous occuperont
« tout entière, vous n'acquerrez jamais les
« lumières dont vous avez besoin pour le
« progrès moral de votre maison. »

Excellente leçon pour certaines supérieures qui croient nécessaire de faire tout passer par leurs mains, mettant en doute les aptitudes et la bonne volonté de leurs officières. Rien ne porte atteinte à la confiance réciproque comme cette manière de procéder et d'agir.

II

RETRAITE DE Mgr PERRIER, ÉVÊQUE D'AVIGNON,
NOMINATION DE Mgr DE MONS, ARCHEVÊQUE

L'évêque d'Avignon, Mgr Perrier, ayant démissionné, les chanoines nommèrent M. Sollier vicaire capitulaire, le 21 juillet 1820. Le siège de St Agricol fut alors de nouveau érigé en archevêché et on y nomma un prélat recommandable à tous les points de vue : c'était Mgr Étienne-Martin Maurel de Mons, évêque de Mende, renommé pour sa parfaite orthodoxie. Il fut reçu avec enthousiasme le 21 novembre 1821 par le clergé et les fidèles du diocèse d'Avignon. Après les difficultés qui s'étaient produites pendant l'épiscopat de Mgr Perrier, on comprend le soupir de soulagement qui dut s'échapper de toutes les poitrines des catholiques, des prêtres surtout.

III

PREMIÈRES DÉMARCHES
POUR FAIRE APPROUVER LES CONSTITUTIONS
RÉSULTATS SATISFAISANTS

M. le Curé de Piolenc, quoique malade, ne resta pas indifférent à la nouvelle de cette heureuse restauration. Il apprit avec le plus vif contentement le choix judicieux que le nouvel archevêque venait de faire de MM. Sollier, Margaillan et Reboul pour remplir les fonctions difficiles de vicaires généraux. Le premier s'était déjà fait un nom en rétablissant, au retour de l'émigration, d'abord le collège d'Apt, et ensuite, en 1810, le grand Séminaire dont il fut le premier supérieur. D'autre part, M. Louis Reboul était intimement lié d'amitié avec M. Guez, à raison de leur voisinage.

Avant d'être grand-vicaire, M. Louis Reboul était curé de Mondragon, et M. Xavier, son frère, l'était de Mornas, pays le plus rapproché de Piolenc. Des rapports fraternels existaient depuis longtemps entre ces trois dignes prêtres. M. Guez songea à profiter de ces bonnes relations pour faire approuver par Monseigneur l'Archevêque les statuts que le vénérable M. d'Hugues avait donnés à sa congrégation naissante.

Le pieux malade ne voulait pas mourir sans avoir donné à l'œuvre sainte, dont il s'était constitué l'infatigable continuateur, cette nouvelle marque d'intérêt et d'amour.

L'approbation d'un règlement, c'est le baptême d'une société ; et quand cette approbation est donnée par l'autorité ecclésiastique, elle devient la base de l'édifice que veut construire le fondateur.

M. Guez, déjà bien affaibli, écrivit au nouvel archevêque, s'excusant de ce que la maladie l'empêchait d'aller en personne lui souhaiter la bienvenue.

Au début de l'administration de Mgr de Mons, MM. Sollier et Reboul furent chargés de la direction des communautés religieuses. Tous les deux portèrent le plus vif intérêt à l'institut de la Conception. Ils dressèrent, de concert avec M. Guez, des règles plus particulières et plus détaillées pour le régime intérieur de la communauté ; restait à faire approuver ces constitutions par Mgr l'Archevêque. Sa Grandeur, en ayant pris connaissance, donna une approbation provisoire, datée du 8 mars 1822 et contresignée de M. Blassier, secrétaire général de l'archevêché. M. Reboul (1), tout heureux du résultat de sa démarche auprès de Sa Grandeur, s'empressa d'en communiquer la nouvelle à M. Guez. Il le fit par la lettre suivante, extraite des archives de la Congrégation et copiée textuellement sur l'original :

(1) M. Reboul était un vieil ami de la Communauté de Piolenc. Il avait assisté avec son frère, M. Xavier, à la bénédiction de la première chapelle, en 1816.

« Avignon, 8 mars 1822.

« Mon bien cher ancien voisin
et toujours bon ami,

« Voilà notre règlement approuvé avec un
« petit changement, qui m'a obligé de le
« recopier. Monseigneur voulait supprimer
« entièrement l'article V, d'abord parce qu'il
« semblait donner une autorité à vos religieu-
« ses dans l'église, et puis à raison que ce
« soin, par rapport à la décence et à la pro-
« preté du lieu saint, doit être libre et non
« obligatoire pour elles. Mais pensant, à part
« moi, qu'il vous ferait plaisir de le conserver
« tel qu'il est dans votre intention, j'y ai fait
« une petite correction qui l'a fait passer.

« Je m'occupe assez de religieuses ici : le
« couvent de Mme de Lafare est le seul qui
« soit bien établi, et je n'y ai rien à faire ;
« mais les trois autres, des Ursulines, des
« Carmélites et de la Visitation, n'ont encore
« qu'une existence précaire.

« Monseigneur met ces établissements au
« second rang et trouve qu'il y a beaucoup à
« faire dans les paroisses, qu'il place au pre-
« mier, et ne peut guère s'occuper de ces
« objets. Il faut espérer néanmoins que ces
« maisons ne tomberont pas. La divine Pro-
« vidence viendra à leur secours.

« Je vous prie, cher ami, de présenter mes
« saluts très empressés à votre respectable
« communauté, à la supérieure particulière-
« ment.

« Mon frère me charge de ses compliments.

« Votre affectionné et dévoué ami,
« Louis REBOUL, *Vicaire général.* »

Six mois après la réception de cette lettre, une pièce authentique, datée du 7 octobre 1822, fut remise à M. Guez par l'intermédiaire du même vicaire général ; c'était l'approbation désirée et conçue en ces termes :

« Nous, Étienne-Martin Maurel de Mons,
« archevêque d'Avignon, avons approuvé et
« approuvons par ces présentes les constitu-
« tions ci-jointes de l'association des Filles de
« la Conception de Piolenc.

« Avignon, 7 octobre 1822.

« † ÉTIENNE, *Archevêque d'Avignon.* »

Cette approbation, venue des hautes sphères de l'archidiocèse, remplit de joie le cœur du pieux malade. Il fit exprimer sa reconnaissance en termes très touchants à Sa Grandeur Monseigneur l'Archevêque, par l'organe de la supérieure. Ce fut comme son testament et son dernier acte vis-à-vis de la Congrégation, qu'il laissait mieux établie.

IV

Progrès rapides de la maladie de M. Guez
Sa mort

Le respectable curé désirait compléter son œuvre en faisant reconnaître du gouvernement les statuts déjà approuvés par l'ordinaire diocésain ; mais sa cruelle maladie, s'aggravant de plus en plus, le mit hors d'état d'agir désormais.

Les religieuses étaient péniblement affectées de la triste situation de leur dévoué directeur. La mère supérieure, plus que toute autre, sentait vivement cette peine, elle qui depuis sa jeunesse avait pu apprécier ses qualités éminentes et son rare talent pour la direction des âmes, elle qui n'avait cessé d'être l'objet de ses paternelles sollicitudes !

Les mille tracasseries que suscite le démon pour faire échouer l'édification des œuvres les plus saintes, les combats de chaque jour pour arriver au résultat désiré, les mécomptes indépendants d'une intention très pure, tout cela était connu du bon père et le trouvait toujours égal à lui-même, toujours résigné, toujours courageux.

Des âmes aussi bien trempées, des esprits

aussi bien établis dans la paix intérieure, ne devraient jamais quitter la terre. Il en faudrait partout, et partout leur action bienfaisante porterait le bonheur.

Ainsi raisonnaient intérieurement les religieuses autour du lit de souffrances de leur pasteur et père bien-aimé.

La mère Thérèse de Jésus demandait partout des prières pour le rétablissement d'une santé si précieuse. Plusieurs messes furent célébrées à cette intention en divers pays. M. l'abbé Dumas, vicaire, fit des neuvaines en public dans l'église paroissiale. Les sœurs, de leur côté, ne négligeaient rien pour obtenir du ciel l'objet de leurs ardentes supplications.

Le souvenir des tristesses récentes, occasionnées par la mort prématurée de la vertueuse fondatrice, décédée quatre ans à peine après le vénérable fondateur, la vue de ces tombes entr'ouvertes, enfin l'inquiétude sur l'avenir de la Congrégation, étaient autant de serrements de cœur dont souffraient énormément la mère et les filles.

Dieu n'eut point pitié de tant d'angoisses, il ne se laissa pas toucher par tant de prières, par tant de larmes : la faible nature dut céder à la suprême volonté du Créateur.

Après avoir fait à la supérieure des recommandations importantes pour le spirituel et le temporel de la Congrégation, le digne curé reçut les derniers sacrements, fit sa profession de foi en pleine connaissance et animé d'une ardente piété.

Le lendemain 11 novembre 1822, entouré de plusieurs membres de sa famille (1) en pleurs, de la mère Thérèse de Jésus, et assisté de M. Dumas, son vicaire, M. André Guez, plein de vertus et de mérites, rendit son âme à son Dieu, à l'âge de quarante-cinq ans. Sa vie, relativement courte devant les hommes, fut admirablement féconde en bonnes œuvres.

Plusieurs prêtres des environs assistèrent à ses funérailles, notamment M. l'abbé Millet, curé de Notre-Dame d'Orange. Celui-ci prodigua ses consolations à la révérende mère Thérèse, dont il avait été pendant quelque temps le directeur.

Les restes du saint et regretté défunt furent ensevelis au pied de la croix du cimetière, par dessus ceux du vénéré M. d'Hugues, son digne prédécesseur.

M. l'abbé Dumas, témoin de ses vertus éminentes dans l'exercice du saint ministère, comme pendant sa cruelle maladie, écrivit en latin sur le registre de l'église, après la date de son décès, quelques mots, dont voici

(1 Sa sœur, son neveu et ses deux nièces.

la traduction : « Suivant les traces de Jésus-Christ, son maître, il a passé en faisant le bien. »

C'est le plus bel éloge qu'ait pu lui décerner un ami témoin de sa vie exemplaire.

Nous n'essaierons pas de dépeindre l'affliction de la communauté entière et de toute la population de Piolenc. On se souvient des larmes données au vénérable M. d'Hugues ; on regretta de même M. Guez.

C'est un sujet de bien douce consolation pour les filles de la Conception de voir comment Dieu a été bon pour elles. Il a voulu que cette humble société fût fondée et dirigée par des saints. Les plus touchantes vertus l'appuyèrent à son origine. C'est pour elles un devoir précieux de reconnaissance que de chercher à perpétuer ces pieuses traditions et à se rendre dignes des faveurs qu'il a plu au ciel de leur faire.

La communauté, en mêlant ses larmes à celles de la paroisse désolée de perdre un si digne pasteur, croyait ne pouvoir survivre elle-même à ces violentes secousses ; mais elle se souvint que la confiance chrétienne se ranime dans les tribulations et les épreuves, qui sont une marque particulière de l'amour de Dieu pour les siens.

Toutes les sœurs comprirent, devant cette

dernière croix, qu'elles devaient s'abandonner entièrement à la Providence et que le Seigneur avait voulu les détacher plus parfaitement de la terre, avant de recevoir leurs serments de fidélité.

M. l'abbé Dumas, vicaire du regretté M. Guez, fut appelé à lui succéder. Le nouveau curé, sachant que l'autorité diocésaine s'occupait efficacement des intérêts de la Congrégation, ne s'y intéressa pas comme ses prédécesseurs, quoiqu'il la protégeât beaucoup.

Par ordre de Monseigneur l'Archevêque, les pouvoirs de la mère Thérèse furent maintenus ; M. Reboul, vicaire général, en donna connaissance à la communauté.

V

Protection spéciale de N.-D. des Graces

Privée à jamais des sages conseils de M. Guez, et trop éloignée des supérieurs ecclésiastiques pour les consulter facilement, la mère Thérèse de Jésus sentait, au fond du cœur, une mortelle inquiétude et finit par tomber dans un tel accablement, que son entourage craignit pour ses jours. Une maladie de cœur se déclara et fit présager des suites funestes. Comment, en effet, supporter sans défaillance de si vives émotions ?..

Il y avait enviren un mois qu'elle était à l'infirmerie, lorsqu'une sœur eut la bonne pensée de faire un vœu à la Sainte-Vierge pour obtenir de sa puissante bonté la conservation de cette seconde mère. Aussitôt la communauté commmença une neuvaine de prières et de pénitences ; on distribua des aumônes extraordinaires, promettant, en outre, un pèlerinage à pied, à N.-D. de Rochefort, si la malade recouvrait la santé. Ici Dieu voulut encore éprouver la foi de ses enfants : ces actes de religion se renouvelèrent plusieurs fois sans que parût le moindre rayon d'espoir. Enfin le beau jour de l'Assomption 1823, Marie se laissa toucher par les prières ardentes de tant de cœurs : pendant qu'on chantait la grand'messe, la malade descendit seule de l'infirmerie ; le soir, elle suivit la procession(1), au grand étonnement de ses filles et des paroissiens, qui n'espéraient plus la revoir. Les médecins d'Orange et de Caderousse assurèrent que cette guérison tenait du prodige.

Peu de jours après, on organisa le pèlerinage pour l'accomplissement du vœu. On décida de partir au milieu de la nuit : la miraculée marcha comme les autres sœurs, elle gravit la montagne avec une agilité inattendue. Leurs dévotions accomplies, la mère Thérèse

---

(1) A Notre-Dame de Bon-Rencontre.

de Jésus partagea le modeste repas de la communauté, sans aucune distinction. Le germe du mal avait si bien disparu que jamais elle n'en ressentit plus la moindre atteinte.

Avant de quitter le sanctuaire de Marie, les sœurs s'empressèrent de témoigner leur reconnaissance pour un bienfait si touchant et promirent de redoubler d'amour pour la Reine du ciel.

Les quelques sœurs restées au couvent attendaient avec anxiété le retour de leur digne et bonne mère, redoutant pour elle un excès de fatigue.

Leur joie fut grande lorsqu'elles la virent arriver pleine de santé, entourée de ses heureuses compagnes. Emues jusqu'au larmes, toutes se rendirent à la chapelle et entonnèrent le *Magnificat* en action de grâces.

VI

Nouvelle affliction, Confiance récompensée

De même que l'épine croît avec la rose, les épreuves se mêlaient souvent aux consolations dans la communauté de Piolenc : quatre sœurs moururent à peu de distance l'une de l'autre, sans que les médecins connussent à fond la cruelle maladie qui les décimait.

Quelque temps auparavant et dans l'espace d'un mois, la communauté avait eu la douleur de perdre les deux premières compagnes de Mlle Aubert : 1° La sœur Ste-Angèle Grimaud, qui avait supporté durant huit ans, avec une patience admirable, la maladie qui la conduisit au tombeau ; elle ne consentit jamais à coucher sur un matelas, même au plus fort de ses souffrances, et elle ne voulut appuyer sa tête que sur un oreiller fait de paille de seigle ; 2° Sœur St-Joseph Millet, laquelle, souffrant un jour d'un accès d'asthme qui l'étouffait, appela de toutes ses forces la mère supérieure qui passait devant sa cellule : « Ma mère, lui dit-elle, j'ai une grâce à vous demander : c'est que vous priiez Dieu de me faire encore plus souffrir, afin d'être digne d'aller au ciel. » Deux autres religieuses étaient à toute extrémité. A chaque décès, la panique était grande dans la maison. Les sœurs, celles mêmes non encore atteintes des symptômes alarmants de la funeste maladie, vivaient dans une crainte continuelle ; jamais on ne vit pareille ferveur. Toutes cherchaient dans une vie très sainte les moyens les plus sûrs pour paraître avec confiance devant le souverain Juge.

La douleur de la mère supérieure était extrême : prières, soins, remèdes, tout jusque-là avait été impuissant à conjurer l'impitoyable mort, qui faisait tant de victimes dans la communauté.

Cette déplorable mortalité inspira à quelques méchants esprits d'odieuses suppositions vis-à-vis de la supérieure, dont la bonté et les soins assidus pour ses filles ne pouvaient être mis en doute.

Cette nouvelle croix de la Providence ne fit point défaillir l'âme forte de la mère Thérèse de Jésus. Elle apprit qu'il y avait en Bavière un personnage célèbre par son crédit auprès de Dieu. Nul ne se recommandait à ses prières sans qu'il n'en ressentît les merveilleux effets. La mère Thérèse de Jésus se procura, on ne sait trop comment, l'adresse de ce chrétien privilégié : c'était Monseigneur le prince abbé Alexandre de Hohenlohe, habitant Bamberg. Elle résolut d'avoir recours à son intervention auprès de Dieu pour la guérison de ses pauvres filles. Son projet fut rapidement exécuté ; elle reçut, en réponse à sa lettre, celle que voici :

« Révérendissime Supérieure,

« Le 9 et le 18 du mois de février, à 9 heu-
« res, je dirai conformément à votre demande
« pour votre guérison mes prières. Joignez-y
« à la même heure, après avoir confessé et
« communié, les vôtres avec cette ferveur

« évangélique et cette *confiance plénière* et
« *continuelle* que nous devons à notre ré-
« dempteur Jésus-Christ. Excitez au fond de
« votre cœur les vertus divines d'un vrai re-
« pentir, d'un amour chrétien, d'une croyance
« sans bornes d'être exaucée et la résolution
« inébranlable de mener une vie exemplaire
« afin de vous maintenir en état de grâce (1).
 « Agréez l'assurance de ma considération.

« Alexandre. »

« Huttenhenn, ce 20 janvier 1825. »

« P. S. — Son Altesse prescrit quelque
« dévotion de neuf jours en l'honneur du
« saint nom de Jésus.

 « Au nom du prince,

« Forstu, *curé*. »

L'effet des prières du prince de Hohenlohe justifia sa renommée ; les deux jeunes sœurs dont l'état était jusque-là désespéré, se trouvèrent beaucoup mieux après la neuvaine de prières prescrites par son Altesse. Leur convalescence ne fut pas longue. Dès lors, l'épidémie cessa complètement, ainsi que la panique, à la grande satisfaction de toutes les sœurs et de leurs nombreux amis.

(1) Cette lettre a été copiée textuellement sur l'original, ce qui en explique les tournures étrangères.

Après avoir rendu grâces à Dieu d'une si précieuse faveur, la mère Thérèse de Jésus ne tarda pas à adresser des remerciements chaleureux au prince, dont les prières avaient eu une si puissante efficacité auprès de Notre-Seigneur.

QUATRIÈME PARTIE

I

Autorisation légale des constitutions
Ordonnance du roi Charles X

La mort de Louis XVIII, arrivée en 1824, amena sur le trône de France le comte d'Artois, son frère, sous le nom de Charles X. Plusieurs congrégations plus ou moins anciennes, qui n'étaient point encore autorisées du gouvernement, s'empressèrent de faire les démarches voulues pour obtenir cette *faveur* de Sa Majesté. C'est qu'en réalité c'en était une à l'époque dont nous parlons, car, outre l'avantage d'être protégées par l'État, les congrégations enseignantes n'étaient point soumises à l'obligation, toujours pénible pour des religieuses, de présenter leurs sujets devant les jurys d'examen. Une lettre d'obédience tenait lieu pour elles de brevet de capacité, pourvu qu'elle fût signée du supérieur ecclésiastique et de la supérieure générale.

Messieurs les vicaires généraux de l'archidiocèse d'Avignon ne restèrent pas étrangers à ce mouvement. Munis des lettres apostillées par M. le Préfet de Vaucluse et M. le Maire de Piolenc, ils firent présenter au roi la copie des statuts dressés par M. d'Hugues et approuvés par Mgr de Mons.

Pendant que cette affaire se négociait en cour de France, M. Sollier, vicaire général, fut appelé à remplacer M. Reboul auprès de la Congrégation, en qualité de supérieur.

La communauté fut heureuse de ce choix, sans oublier néanmoins la reconnaissance et les regrets qu'elle devait à M. Reboul, dont les services rendus, comme ancien et dévoué ami de M. Guez, avaient été pour elle le point de départ d'une existence légale.

Les pieux désirs des sœurs allaient être réalisés. Le nouveau supérieur accorda à la congrégation et reçut d'elle la même confiance que ses dignes prédécesseurs.

Dieu se plut à bénir les premiers actes de son administration : les statuts, autorisés par l'ordonnance royale du 28 mai 1826, arrivèrent de la préfecture à l'archevêché. M. Sollier s'empressa d'en donner avis à la mère supérieure. Toutes les sœurs en tressaillirent de joie, car à cette circonstance était attachée la permission, si longtemps attendue, de prononcer solennellement les vœux simples d'obéissance, de chasteté, de pauvreté, que jusque-là elles avaient formulés annuellement dans le secret de leur cœur.

II

M. Sollier, vicaire général, visite la maison de Piolenc

Peu de jours après, M. le Vicaire général eut la bonté de se rendre à Piolenc. Il daigna examiner avec une bienveillante sollicitude l'état de la communauté ; il en constata les besoins et s'étant enquis de tout avec cette maturité de raison et cette bonté paternelle qui faisaient le fond de son âme, il s'occupa immédiatement de réviser le règlement élaboré par M. Reboul et M. Guez, lequel n'était que l'extension de celui tracé par M. d'Hugues. Le pieux supérieur y ajouta le petit office de la Sainte-Vierge et en retrancha certains menus détails pour en rendre la pratique plus appropriée au temps et aux personnes.

III

Première cérémonie de profession

La cérémonie de profession fut fixée au 11 août suivant. En prenant congé de la supérieure, M. Sollier promit de venir lui-même la présider.

A mesure que le moment de se consacrer à Dieu d'une manière solennelle approchait, les sœurs redoublaient d'efforts dans la pratique des vertus religieuses, rivalisant de zèle pour procurer la gloire de Dieu en se sanctifiant elles-mêmes.

Ce bonheur, objet de leurs continuelles aspirations, n'arrivait pas assez tôt à leur gré. Enfin, l'aurore du beau jour se leva radieuse sur leurs ardents désirs : l'église paroissiale de Piolenc allait être, pour la première fois sans doute, le témoin muet de l'alliance divine. Les vierges sages avaient alimenté leurs lampes de l'huile de la charité avec une admirable persévérance. Les anges du sanctuaire, les ministres du Dieu d'amour, les introduisirent dans la salle du festin des noces de l'Agneau, et elles, pleines d'une humble confiance, se jetèrent intérieurement sur le cœur du divin Epoux et lui promirent une éternelle fidélité.

Après la cérémonie religieuse, qui fut très

touchante et à laquelle assistèrent un nombreux clergé et beaucoup de paroissiens. M. le Vicaire général réunit la communauté, à laquelle il adressa ses félicitations. Ce vénérable supérieur vit ensuite en particulier les nouvelles professes, et leur donna des conseils empreints de piété et de prudence, avec cette aménité qui lui attachait les cœurs. Cet entretien paternel les raffermit dans l'esprit de foi, de charité, d'obéissance.

Pour entrer plus avant dans la pratique de la sainte pauvreté qu'elles venaient de promettre à Dieu, les sœurs firent la rétrocession de leurs biens particuliers et de ceux acquis pour la communauté. Le ministère des cultes l'accepta et l'acte en fut homologué le 5 septembre 1826.

Plus fermement attachées à Notre-Seigneur depuis leur profession, les sœurs étaient très soumises à leurs dignes supérieurs et tâchaient de correspondre à leur dévouement par une plus entière reconnaissance. En même temps elles continuaient à se rendre utiles aux habitants de Piolenc par leur zèle et leur charité, se portant avec le plus affectueux empressement partout où leur présence était nécessaire, et elles faisaient le bien avec cet ensemble que donnent le nombre et l'unité sanctifiés par l'obéissance religieuse.

IV

Projet de transfert du Noviciat
Avis partagés

Cependant le jour allait venir où il faudrait se séparer d'eux. M. Guez n'était plus ; la communauté devenue assez nombreuse ne trouvait point dans la petite communauté de Piolenc les secours spirituels qui lui étaient nécessaires ; d'ailleurs, sous le rapport même du temporel, la distance des villes voisines, où les affaires de la communauté appelaient trop souvent les sœurs, donnait occasion à quelques abus et nuisait à l'ordre et à la régularité de la maison.

Par suite de cette situation, les religieuses eurent recours à l'autorité des supérieurs ecclésiastiques. Toutes ces considérations furent parfaitement comprises et mêmes goûtées de Mgr l'Archevêque et de M. Sollier ; mais le temps ne paraissait pas encore propice pour tenter une nouvelle fondation, où il s'agissait de transférer le noviciat dans une ville plus ou moins éloignée du berceau.

Quelques sœurs, les anciennes surtout, disaient : « Notre bon père d'Hugues aurait-il été de cet avis ? » D'autres redoutaient ce déplacement partiel, qu'elles jugeaient funeste à la congrégation, s'appuyant sur ce principe qu'un corps divisé s'affaiblit de lui-même. Elles n'avaient pas prévu ce cas, disaient-elles, en prenant place parmi les Filles de la Conception. Les opinions étant ainsi partagées, on jugea prudent d'attendre un moment plus opportun.

V

Nouvelle élection de la Mère Thérèse de Jésus

Après la mort de M. Guez, M. Reboul avait renouvelé les pouvoirs de la mère Thérèse de Jésus ; mais, en présence de cette diversité de vues dans l'esprit de la communauté, il ne consentit pas à maintenir le *statu quo*, il exigea une nouvelle élection en bonne forme. D'ailleurs Mgr l'Archevêque ne voulait pas pour la communauté de supérieures inamovibles, et la mère Thérèse de Jésus était dans la dixième année de son supériorat.

M. Sollier fixa l'élection au 2 janvier 1828. Ne pouvant la présider lui-même, il se fit suppléer par M. Dumas, curé de Piolenc. Comme on pouvait s'y attendre, la mère Thérèse de Jésus obtint la majorité des suffrages :

la nouvelle élue s'attacha cinq conseillères, parmi lesquelles elle choisit ses deux assistantes, l'économe, la maîtresse des novices et la directrice des classes. Le poids du gouvernement ainsi partagé allégeait d'autant la responsabilité de la supérieure générale et donnait plus de force à l'action commune.

La mère Thérèse de Jésus était une de ces âmes que rien ne décourage. Elle n'avait donc pas renoncé au projet de transplanter le noviciat hors de Piolenc. Elle sut si bien faire prévaloir son idée, qu'en 1829 on résolut d'y donner suite.

Restait à faire le choix de la ville destinée à recevoir la nouvelle communauté. M. Sollier, tout en applaudissant à ce projet, conseilla à la supérieure d'attendre le retour de Mgr l'Archevêque, qui était en visites pastorales, pour faire les premières démarches.

VI

Obstacle au transfert
Mort de Monseigneur de Mons

Dieu permit qu'un nouvel incident vînt s'opposer aux désirs, peut-être trop empressés, de la mère supérieure : vers la fin de juillet 1830, Monseigneur partit pour la capitale afin d'aller siéger à la Chambre, en sa qualité de pair de France.

Sa Grandeur, apprenant en route les troubles politiques qui venaient d'éclater à Paris, revint à Avignon ; mais, voyant l'effervescence du peuple, elle en fut effrayée et se dirigea promptement sur Nice, où bientôt une attaque d'apoplexie l'avertit de sa fin prochaine. Le digne prélat, connaissant le danger, se fit rapporter, à petites journées, dans sa ville archiépiscopale, où il rendit le dernier soupir le 4 octobre 1830.

Si cette mort fut une douleur immense pour tout le diocèse, on comprend combien le coup fut terrible pour les Filles de la Conception, qui perdaient en leur vénérable archevêque plutôt un père qu'un supérieur.

La Providence, toujours bonne mère, désigna pour le remplacer Mgr d'Humières, qui dès son arrivée s'attacha de cœur au développement de la Congrégation de Piolenc.

VII

Reprise du projet
M. Guérin, curé de Saint-Siffrein

Pendant la vacance du siège, M. Sollier fut, pour la seconde fois, vicaire capitulaire ; il encouragea la supérieure à poursuivre son but ;

celle-ci ne s'était point désistée de son projet : bien au contraire, elle s'informait activement de ce qui pourrait en faciliter l'exécution.

Depuis plusieurs années, la mère Thérèse de Jésus entretenait des relations utiles avec un prêtre recommandable à tous égards : c'était M. l'abbé Guérin, natif de Cadenet, qu'elle avait connu vicaire et principal du collège d'Orange, plus tard missionnaire de France, et enfin archiprêtre de St-Siffrein ; mettant à contribution ces bons rapports, la mère supérieure confia au digne curé son désir d'établir le noviciat dans Carpentras et d'y ouvrir une école libre.

Ce projet sourit à M. l'archiprêtre ; il voulut bien en faire lui-même l'exposé à Mgr d'Humières, qui l'avait nommé vicaire général honoraire.

A cette époque, il n'y avait à Carpentras qu'une communauté enseignante, cloîtrée, et assez loin de la ville : c'étaient les religieuses de l'Adoration perpétuelle du St-Sacrement, dites sœurs du Père Antoine. On comprend que M. le Curé de St-Siffrein fût disposé à bien accueillir une maison d'éducation plus centrale et pouvant recevoir des élèves externes ; en conséquence il donna sa parole à la mère Thérèse de Jésus. Restait à obtenir les **autorisations** nécessaires et trouver un local convenable pour abriter la nouvelle communauté. Monseigneur l'Archevêque donna volontiers son consentement, et chargea M. l'archiprêtre de s'entendre pour toutes choses avec la mère supérieure.

Il y avait une maison en vente à la rue des Pénitents-Gris : c'était l'ancien hôtel de Maubec, possédé par M. Aréat. M. Guérin négocia avec un louable dévouement l'achat de cet immeuble au nom des religieuses. On tomba d'accord sur le prix : les parties contractantes souscrivirent d'abord une vente privée, laquelle, renouvelée au moins deux fois, fut convertie en acte public le 29 novembre 1834.

Si les sœurs n'avaient consulté que leur bourse, cette acquisition ne se fût jamais faite, car elles avaient à peine un centième de l'argent nécessaire pour l'achat de la maison et les aménagements ; mais leur divine trésorière, la bonne Providence, ne les laissa pas. Le sous-préfet de Carpentras et M. le Maire furent informés du projet d'ouvrir une école dans la rue des Pénitents-Gris. Ces Messieurs ordonnèrent l'enquête *de commodo et incommodo*. Aucun embarras ne surgit de cette formalité.

L'affaire étant ainsi devenue publique, les habitants de Piolenc ne purent l'ignorer. Il y eut une sorte de soulèvement parmi les connaissances et amis des religieuses, on éclatait en murmures : les uns se plaignaient au marquis de Biliotti, résidant au château de Beauchêne, commune de Piolenc ; d'autres menaçaient d'en écrire au sous-préfet de Carpentras.

L'amitié du marquis de Biliotti pour ce haut fonctionnaire faisait craindre à la supérieure une entente défavorable. Elle écrivit à M. Guérin pour le prier de prendre les avances, en même temps qu'elle contait sa peine à M. de Biliotti. Celui-ci, malgré ses propres vues et le mécontentement de la population, n'opposa aucun obstacle.

Cependant le mouvement s'accentuait à Piolenc : le bruit courait que les sœurs allaient vendre leurs propriétés, qu'elles partaient toutes et emmenaient même leurs pensionnaires. A force de raisonnements et d'explications, les habitants de Piolenc finirent par comprendre que toute la communauté n'abandonnait pas leur pays. Les esprits se calmèrent au dehors ; mais le démon, père de la discorde, pénétra dans l'intérieur, voici comment.

VIII

Opposition ouverte, Renvoi de sujets

Nous avons dit plus haut que certaines sœurs voyaient avec peine le transfert du noviciat à Carpentras, jugeant que plus tard l'établissement, une fois bien formé, pourrait devenir le siège de la Congrégation. Jusque-là, elles avaient simplement élevé des doutes sur son opportunité ; mais le temps venu de faire les préparatifs de départ, leur mécontentement se montra dans tout son jour. Deux conseillères, qui avaient refusé de signer la délibération prise à cet égard, portèrent plusieurs de leurs compagnes à l'insoumission. De l'avis de Monseigneur l'Archevêque, les trois plus déterminées à la révolte furent rendues à leur famille, malgré de vives réclamations. A cela vint s'ajouter un nouveau motif de division.

IX

Modification au costume religieux, approuvée par Mgr d'Humières

Il s'agissait de modifier le costume religieux donné en 1816 par M. Guez.

M. Guérin avait témoigné le désir à la mère supérieure de voir les religieuses de chœur voilées ; or, dans l'ancien costume elles ne l'étaient pas, et les converses portaient un habit peu différent de celui des bonnes filles pieuses dans le monde. Le but de M. le Curé était que les religieuses arrivassent à Carpentras vêtues de manière à imposer le respect à la population qui les estimait déjà et les attendait comme un bienfait du ciel.

La supérieure répondit à ce désir en priant Monseigneur l'Archevêque de l'autoriser à faire quelque changement au costume primitif.

Le 27 février 1834, M. l'abbé Rousseau, secrétaire de l'Archevêché, informait la mère Thérèse de Jésus que Sa Grandeur exigeait un modèle du costume tel qu'on désirait l'adopter. Les sœurs ne crurent mieux faire que d'habiller une poupée selon le costume choisi, on en fit l'envoi à Monseigneur l'Archevêque. Sa Grandeur s'amusa beaucoup de l'évènement. Le modèle fut agréé et M l'abbé Queyras, vicaire général, communiqua aussitôt à la mère supérieure la lettre d'autorisation conçue en ces termes :

« Nous, Louis-Joseph d'Humières, arche-
« vêque d'Avignon, autorisons par ces pré-
« sentes les dames religieuses établies à
« Piolenc, à adopter le costume dont elles
« nous présentent le modèle. »

X

Nouvelles réclamations

Ici, comme pour le transfert à Carpentras tout le monde ne fut pas du même avis. Quelques sœurs qui hésitaient encore pour consentir à quitter Piolenc, s'opposèrent ouvertement à l'adoption du nouveau costume, par respect, disaient-elles, pour celui que M. Guez leur avait donné et béni lui-même, avec la permission de M. Reboul, vicaire général. La lettre de Monseigneur l'Archevêque, en donnant pleine satisfaction à la majorité des sœurs, irrita les récalcitrantes ; elles considéraient d'un œil inquiet leurs compagnes tailler et confectionner avec joie ce grand voile noir destiné à protéger leur modestie au milieu du monde.

M. Sollier, informé et affligé de ces dispositions hostiles à l'opinion générale, jugea néanmoins que la prudence et la charité demandaient d'attendre, avant de se prononcer sur le sort de ces pauvres filles, à qui l'exemple du renvoi de leurs compagnes n'avait pas servi de leçon.

XI

SOUMISSION DES OPPOSANTES AU NOUVEAU COSTUME

Le 12 mai avait eu lieu la troisième élection de la mère Thérèse de Jésus.

Le départ pour Carpentras fut fixé au 6 août suivant. On avait approprié la nouvelle maison, les préparatifs se continuaient avec empressement, les meubles étaient déplacés pour le transport ; tout cela se faisait sans que la supérieure adressât le moindre reproche aux opposantes. Mais voici que le 12 juillet, jour où la communauté de Piolenc se revêtit du nouveau costume, la grâce toucha leur cœur. Elles demandèrent humblement pardon de leur résistance et supplièrent la mère Thérèse de ne point les distinguer de leurs compagnes, exprimant un grand regret d'avoir subi les caprices de l'amour-propre.

M. Sollier, informé de cet acte de soumission, fit dire à la révérende mère de leur accorder le grand voile et d'en « jeter un sur le passé. »

Ce bon et dévoué supérieur fut bien inspiré en usant de miséricorde à l'égard de ces filles, car la suite de leur vie religieuse a prouvé combien elles étaient attachées à leur sainte vocation. Elles déplorèrent leur entêtement passager et se montrèrent désormais des plus obéissantes.

Le jour marqué pour le départ approchait rapidement.

XII

Départ définitif pour Carpentras

Le 6 août au matin, des véhicules furent là pour emmener les sœurs ; les meubles étaient partis la veille.

Dans cette circonstance, la mère supérieure témoigna de nouveau sa foi et sa dévotion à Marie Immaculée, en faisant précéder la pieuse troupe de la statue de cette bonne mère. Elles arrivèrent heureusement à Carpentras, au soir de la fête de la transfiguration de Notre-Seigneur, et reçurent de M. l'archiprêtre l'accueil le plus cordial.

La partie la plus religieuse de la population ne put rester indifférente à l'arrivée des sœurs ; chacun voulait rendre quelque service aux nouvelles venues. Dès le lendemain, tout fut mis en ordre. L'antique salon en bois sculpté et doré de M. de Maubec fut transformé en chapelle. La semaine suivante on y célébra la sainte messe, et désormais le Dieu de l'Eucharistie devint l'hôte habituel de la communauté de Carpentras.

M. l'archiprêtre bénit le nouveau local, cérémonie tout intime, qui laissa quand même de pieux souvenirs parmi les sœurs présentes.

On ouvrit une école libre payante, laquelle dès le 1er octobre comptait un bon nombre d'enfants : avant la fin de l'année scolaire on avait déjà formé deux classes.

Répondant aux désirs de quelques familles, les sœurs prirent des pensionnaires qui furent joyeusement accueillies par les quelques-unes qu'on avait amenées de Piolenc.

Aussitôt après l'installation des sœurs à Carpentras, les sujets se présentèrent nombreux ; la mère supérieure reçut avec joie ces éléments nouveaux, destinés à travailler à la gloire de Dieu et au développement de la Congrégation.

XIII

Hostilités

La communauté désirait pour le couvent de Carpentras l'autorisation légale qu'elle avait obtenue pour celui de Piolenc : d'actives démarches furent faites auprès de Sa Majesté le roi Louis-Philippe. L'affaire semblait prendre bonne tournure, lorsque la mère Thérèse de Jésus apprit par M. l'abbé Michel de Beaulieu, vicaire général, que les trois personnes exclues de la communauté pour cause de révolte s'étaient entendues avec certaines notabilités de Piolenc pour empêcher l'autorisation demandée. Elles avaient eu l'audace d'écrire à M. le Préfet de Vaucluse contre cette mesure, qu'elles appelaient téméraire, injuste, ridicule.

Malgré leur renvoi de la congrégation, ces fausses religieuses se faisaient passer comme lui appartenant. Leurs hostilités durèrent jusqu'au mois d'août 1835.

XIV

Dévouement de M. Sollier, vicaire général, Autorisation de l'établissement de Carpentras, Monseigneur Dupont.

A la mort de Mgr Louis-Joseph d'Humières, la charge de vicaire capitulaire échut pour la troisième fois au vénérable M. Sollier, dont les immenses services rendus au diocèse et surtout à la congrégation des Filles de la Conception sont inoubliables. Ce dévoué supérieur s'employa de toutes ses forces à consolider la maison de Carpentras, laquelle, en dépit des oppositions diverses, fut approuvée, non comme maison-mère, mais comme succursale de Piolenc.

L'ordonnance royale, datée du 9 novembre 1836, arriva enfin, au grand mécontentement des réfractaires, qui n'en continuèrent pas moins de porter préjudice à la congrégation d'une façon dissimulée.

Monseigneur Célestin Dupont venait d'être élevé sur le siège archiépiscopal d'Avignon. Sa Grandeur, ayant eu connaissance de ce fait, applaudit de tout cœur aux démarches actives de M. Sollier.

XV

Insubordination

Comme un navire ballotté par les vagues furieuses, le frêle vaisseau des Filles de la Conception semblait près de sombrer, lorsqu'il eut à essuyer une nouvelle tempête.

L'œuvre des vénérables MM. d'Hugues et Guez se consolidait d'un côté et s'ébranlait de l'autre.

Au mois de septembre 1836, les sœurs des deux établissements, dont l'un était hors du diocèse, refusèrent de se rendre à Carpentras pour la retraite annuelle, prétextant qu'elles ne pouvaient laisser le soin de leurs malades à des sœurs inconnues par eux.

La mère supérieure, ignorant que ces religieuses fissent cause commune entre elles et que leur intention était de demeurer dans leur poste, libres, sans contrôle, ne s'en méfia point. Pleines d'astuce, elles avaient si bien caché leur jeu, que leurs curés respectifs s'y laissèrent prendre. L'un d'eux écrivit à la mère générale que déplacer ces religieuses, ne fût-ce que pour quelques jours, serait porter un grand tort à l'établissement ; que les malades, les enfants et toute la population étaient si édifiés de leur conduite, qu'ils n'en voulaient point d'autres.

Bien que la mère supérieure commençât à concevoir des soupçons, pour ne point paraître trop rigide, elle laissa les sœurs jusqu'à la Toussaint, époque à laquelle elles furent rappelées pour leur retraite. Nouveau refus, plus formel que le premier.

M. l'abbé de Causan, vicaire général et supérieur de la Congrégation, fut informé de cette résistance et voulut bien mander aux sœurs de se rendre à l'ordre qui leur était légitimement donné. Elles auraient peut-être consenti d'aller à Piolenc, mais Dieu permit que la supérieure de cette communauté découvrît ces intrigues. Elle en informa la supérieure générale, qui lui ordonna de se transporter dans le pays où étaient les deux plus obstinées, afin de se rendre un compte exact de la situation. La bonne sœur Saint-Régis accepta, non sans quelque répugnance, la pénible mission qui lui était confiée. Elle reçut des sœurs l'accueil qu'elle avait pressenti : elles hésitèrent longtemps avant de lui ouvrir la porte. Cependant à force de prières elles y consentirent, mais sans vouloir accepter ni ses charitables avis, ni les ordres qu'elle était chargée de leur transmettre.

Ces malheureuses filles avaient mis à part tous les objets qui leur plaisaient dans la maison, pour en user à leur gré : l'une d'elles avait déposé une malle pleine chez M. le Maire, l'autre avait envoyé beaucoup de choses chez ses parents.

La visiteuse ne se déconcerta pas ; elle proposa à l'autorité locale d'envoyer deux sœurs pour tenir provisoirement l'hospice et l'école. Ceux-ci refusèrent. Les sœurs, de leur côté, ne voulurent point céder les clefs des armoires ni de leurs malles.

Ce débat leva les doutes de la bonne sœur Régis, qui écrivit immédiatement à M. le supérieur comment les choses se passaient, et se hâta d'aller rendre compte de son mandat à la mère générale, laissant à regret les dissidentes dans leur demeure. M. le supérieur leur notifia par écrit de se rendre à Carpentras, où elles passeraient trois jours, « durant lesquels elles seraient traitées avec charité, comme de pieuses étrangères, » en attendant que le conseil de la congrégation eût délibéré sur leur sort.

Ces hypocrites se rendirent enfin ; mais, avant de partir, elles brûlèrent leurs livres de compte, afin que personne ne connût l'état de leurs recettes et de leurs dépenses.

Arrivées à Carpentras, elles firent un semblant de soumission ; toutefois on voyait bien que ce n'était pas sincère. Et de fait on s'aperçut bientôt qu'elles exerçaient une fâcheuse influence sur les sœurs avec qui on avait dû les mettre en rapport.

La professe fut contrainte de demander par écrit d'être déliée de ses vœux, la novice rentra immédiatement dans sa famille.

Les sœurs de l'établissement, dont l'histoire a de l'analogie avec celle-ci, furent aussi renvoyées dans le monde. Dès lors, la supérieure générale refusa de pourvoir aux places vacantes, malgré les instances des autorités locales, qui avaient enfin ouvert les yeux.

La sortie de ces religieuses et la fermeture de deux établissements formés depuis peu d'années, fit grand bruit. Des commentaires divers valurent à la congrégation des appréciations peu flatteuses de la part de ceux qui n'en connaissaient pas les motifs.

Monseigneur l'Archevêque, affligé de ce contre-coup, ne laissa pas de témoigner son admiration pour la force d'âme de la mère supérieure. C'était en effet une femme de grand courage que la mère Thérèse de Jésus ; elle avait signé d'une main ferme le renvoi des malheureuses victimes de l'insubordination, et abandonné les conséquences de cet acte d'autorité entre les mains de Celui qui pouvait seul le juger équitablement.

Cette malheureuse affaire eut lieu dans le mois de mars 1837.

XVI

Fin de l'épreuve, Quatrième élection
M. Barret, supérieur, son action bienveillante

Il semblait qu'une aussi forte secousse dût décourager les sœurs et nuire à la persévérance de quelques prétendantes ; il n'en fut rien néanmoins : cette année fut féconde en vocations. Dieu, selon l'expression de la Sainte-Écriture, avait nettoyé son aire ; de sa main puissante Il avait agité son van : la paille et la poussière s'étaient perdues dans l'espace, tandis que le grain était demeuré entassé sur le sol.

Malgré ces tristes événements, le temps poursuivait sa course rapide : le triennat de la mère Thérèse de Jésus touchait à son terme, une quatrième élection était devenue indispensable. Elle eut lieu le 23 juillet 1837. Le scrutin donna les résultats des précédentes.

Une ère de tranquillité se levait enfin sur la congrégation. Monseigneur l'Archevêque lui donna pour supérieur M. l'abbé Barret, vicaire général, homme intelligent et plein de zèle : tout alla bien sous sa paternelle autorité.

Le conseil municipal de Carpentras avait émis le vœu d'établir la gratuité des écoles.

Vers la fin de l'année 1838, M. le maire fit à la supérieure la demande d'une sœur pour diriger une classe, qui serait rétribuée par la commune et ouverte dans le couvent, à défaut de local scolaire. Ce projet fut exécuté le premier octobre suivant. Les enfants dépassèrent bientôt le nombre prévu. Il fallait nécessairement une deuxième classe pour répondre aux désirs des familles. Les dépendances de l'ancien hôtel de Maubec furent alors aménagées pour servir spécialement à l'école communale, laquelle s'accrut bientôt d'une troisième et d'une quatrième classe, sous la protection de l'honorable M. Athénosy, premier magistrat.

XVII

Projet d'établissement a Avignon

Dans les premiers jours de l'année 1839, la communauté de Carpentras reçut la visite de M. Barret ; il était accompagné du révérend Père Fouillot, recteur des Jésuites. Leur but était de prendre sur les lieux des informations exactes touchant la congrégation des Filles de la Conception.

Mgr Dupont se proposait d'établir dans sa ville épiscopale une maison de religieuses, qui pût fournir à son diocèse des sujets pour l'instruction des enfants et le soin des hospices, et il voulait savoir si les Filles de la Conception pourraient remplir ce double but.

Les renseignements recueillis furent favorables ; Monseigneur chargea M. Barret de cette affaire, espérant qu'en de si bonnes mains elle ne manquerait pas de réussir. Sa Grandeur avait en estime la Congrégation, malgré les désagréments de 1837 : elle savait que toute médaille a son revers et que les faiblesses de quelques membres ne peuvent pas être imputées à tout le corps. Quelques semaines après, M. Barret écrivait en ces termes à la mère générale :

« Archevêché d'Avignon, 10 février 1839.

» Ma Révérende Mère,

« Il est utile que vous vous rendiez à Avi-
« gnon avant jeudi prochain. Vous irez trou-
« ver en mon absence le Révérend Père rec-
« teur des Jésuites, qui vous communiquera
« nos intentions à l'égard de votre commu-
« nauté. Je désire que le divin Maître bénisse
« nos projets et qu'Il vous inspire la docilité
« nécessaire pour devenir un instrument utile
« à sa gloire et à son Église.

» Vous voudrez bien apporter en venant,
« au Révérend Père recteur, un exemplaire
« de vos constitutions.

Recevez, etc.

« BARRET, *Vicaire général.* »

De leur côté, les sœurs de la Conception, toujours prêtes à obéir à la volonté de Dieu, manifestée par un organe aussi respectable, se mirent aussitôt à la disposition du premier pasteur. La lettre suivante montre avec quelle sorte d'impatience M. Barret attendait l'accomplissement des désirs de Monseigneur l'Archevêque.

« Avignon, 1ᵉʳ mars 1839.

« Ma Révérende Mère,

« Vous savez avec quel dévouement je dé-
« sire travailler à l'accroissement de votre
« ordre. Je me mets à votre disposition en
« toutes circonstances. Le Révérend Père
« recteur est parti pour Lyon avant mon
« retour d'Apt. Je ne sais donc ce qui a été
« décidé entre vous et lui ; je l'apprendrais
« volontiers de vous lors de votre prochaine
« apparition à Avignon. Je vous attends mardi
« 6 courant : je ne sortirai pas avant midi ce
« jour-là.

« Priez pour moi et agréez, etc.

« BARRET, *Vicaire général.* »

Le 1ᵉʳ août 1840, une cinquième élection eut lieu en faveur de la mère Thérèse de Jésus. M. Barret se réserva de la présider après trois jours de retraite. Il en donna lui-même le cérémonial, qui fut définitivement adopté.

Le R. P. Fouillot eut pour mission de dresser des règles propres à l'établissement projeté. Ces règles existaient déjà et avaient été soumises au conseil archiépiscopal par le vénérable M. Sollier. Le Révérend Père n'avait qu'à les réviser en détail.

Sur ces entrefaites (10 mars 1841), M. Barret quitta le diocèse. Le Père recteur fut seul à s'occuper de cette affaire. Mgr Dupont la suivait avec un intérêt tout paternel, lorsqu'il fut transféré à l'archevêché de Bourges (1) et plus tard créé cardinal par Sa Sainteté Pie IX (11 juin 1847). Avant son départ, Sa Grandeur eut la bonté de témoigner à la Congrégation le regret qu'elle éprouvait de n'avoir pu terminer une entreprise qu'elle jugeait utile, pour le bien de son diocèse, tout en réalisant une pensée qui était chère à son cœur.

Les sœurs de la Conception furent moins affligées de ce contre-temps que du départ d'un si bon et si digne prélat : elles en avaient reçu des marques d'affection qu'elles ne peuvent assez reconnaître.

M. l'archiprêtre de St-Siffrein, qui avait travaillé avec tant de zèle à la formation de l'établissement de Carpentras, avait quelque peine à le voir scinder ; néanmoins, en considération des besoins du diocèse, il sacrifia ses propres vues pour faciliter aux sœurs le moyen de fixer le siège de la congrégation dans la ville papale.

M. le Curé éprouvait moins de peine à les voir s'établir en petit nombre dans de moindres localités, comme cela avait eu lieu en

(1) Il quitta ce diocèse le 10 février 1842.

1834 à Sarrians, en 1835 à Joncquières, en 1840 à Ménerbes.

La ferveur était grande parmi les sœurs qui composaient la communauté de Carpentras : c'était une lutte incessante de piété, d'humilité, d'obéissance et de dévouement.

Cette maison était devenue assez importante pour nécessiter le ministère d'un aumônier. Le R. P. Damien Socio, capucin espagnol réfugié à Carpentras, fut agréé par l'autorité ecclésiastique pour desservir la chapelle du couvent.

CINQUIEME PARTIE

I

MONSEIGNEUR NAUDO, ETABLISSEMENT DES FILLES DE LA CONCEPTION A AVIGNON

Mgr Paul Naudo, évêque de Nevers, fut choisi pour remplacer Mgr Dupont. La réputation du pasteur doux et magnanime l'avait précédé dans l'antique cité des papes. Il y arriva le 11 octobre 1842 et fut reçu avec un véritable enthousiasme. Cette renommée justement acquise, présage d'un heureux épiscopat, s'accroissait à mesure que le nouvel archevêque élargissait le cercle de ses rapports avec le clergé, les autorités civiles et bon nombre de ses diocésains : chacun le considérait comme un père ; son air d'angélique bonté inspirait seul l'amour et la confiance

Les Filles de la Conception se placèrent avec bonheur sous sa pacifique houlette. La mère générale ne tarda pas de faire à sa

Grandeur une visite pour lui souhaiter la bienvenue, au nom de toute la congrégation. L'accueil gracieux et paternel qu'elle en reçut lui inspira une certaine hardiesse : elle osa parler du projet formé depuis trois ans, d'établir la maison-mère dans la ville métropolitaine. Le bon archevêque écouta attentivement les détails que lui donnait la mère Thérèse de Jésus, et l'assura que déjà un de ses vicaires généraux l'avait mis au courant des désirs de son digne prédécesseur. En même temps sa Grandeur demanda à lire les constitutions, telles que le révérend Père Fouillot les avait annotées.

Satisfaite de l'issue de sa visite au premier pasteur, la révérende mère retourna au couvent de Carpentras, où ses sœurs l'attendaient impatiemment ; elle réunit aussitôt la communauté pour lui annoncer la bonne nouvelle et se hâta de faire copier les constitutions pour les présenter à sa Grandeur, ce qui eut lieu le 15 décembre suivant.

On le voit, dès son arrivée dans le diocèse, Mgr Naudo témoigna aux sœurs de la Conception une bienveillance toute particulière : il les encouragea dans leur projet d'établissement et les autorisa de grand cœur à faire l'achat d'un immeuble destiné à devenir le siège de la congrégation.

Le bruit ayant transpiré dans la ville qu'un ordre nouveau de religieuses institutrices devait prochainement s'y établir, plusieurs locaux furent offerts : les uns étaient trop beaux et trop coûteux, d'autres étaient trop exigus. Enfin on trouva une maison située rue Philonarde, 27, qui paraissait remplir toutes les conditions désirables : la vente fut consentie et l'acte passé le 11 septembre 1843.

Autant que la mère Thérèse de Jésus, Monseigneur l'Archevêque fut heureux de cette acquisition, parce que ce local étant mitoyen de la congrégation des hommes, les sœurs pourraient entendre la messe et assister aux offices religieux sans sortir de chez elles. A cet effet, Monseigneur l'Archevêque permit de pratiquer une ouverture grillée donnant dans le sanctuaire de cette belle et dévote chapelle. La communication devait avoir lieu par le jardin : on y construisit un chœur assez spacieux et au dessus du chœur une large tribune où l'on pourrait dire la sainte messe et faire les exercices particuliers de communauté.

Dès que le propriétaire eut quitté sa maison, la mère supérieure et deux autres sœurs vinrent en prendre possession et disposer toute chose pour recevoir le personnel complémentaire de la nouvelle fondation (29 sept. 1843).

Leur arrivée dans la ville archiépiscopale fut saluée par une mésaventure, dont plus tard elles se sont amusées : au bureau d'octroi de la porte St-Lazare, où leurs bagages les avaient précédées, les employés leur demandèrent s'il n'y avait rien de soumis aux droits d'entrée ; sur leur réponse négative, ils ajoutèrent : « N'avez-vous pas de cierges ? — « Non », répondirent-elles. Cependant, l'un d'eux ouvre une caisse et trouve deux cierges et deux bougies commencées, apportées par précaution pour s'éclairer le soir en arrivant. Aussitôt il les montre aux autres en disant : « Voyez-vous ? elles n'ont point de cierges ; ce sont des religieuses qui mentent ainsi... » La pluie tombait par torrent ; les bagages furent consignés jusqu'à ce que le procès-verbal de la prétendue fraude fût dressé. La mère Thérèse de Jésus fit maintes réclamations, desquelles on ne tint nul compte. On exigea d'elle un cautionnement bien supérieur à la somme qu'elle avait apportée. Les sœurs durent, malgré l'orage, aller en ville emprunter de l'argent. Au lieu de retourner au bureau, elles furent directement à la direction générale exposer leur cas : justice leur fut faite, elles purent à peu de frais retirer leurs bagages.

Quelques semaines après, arrivèrent la maîtresse des novices avec son personnel, plus deux sœurs pour les classes et deux converses.

Les réparations durèrent assez longtemps ; on ne put ouvrir l'école primaire que le 2 février 1844. Il y eut bientôt un assez bon nombre d'enfants externes. Monseigneur l'Archevêque eut la bonté de bénir le local, le 25 du même mois. Sa Grandeur était assistée de M. l'abbé Pierre Naudo, son frère, M. Barrère, vicaire général, le R. P. Hippolyte Crolard, jésuite, directeur de la congrégation des hommes, et M. l'abbé Joseph Brémond, curé de la paroisse des Carmes (Saint-Symphorien).

Monseigneur l'Archevêque témoigna de nouveau l'intérêt qu'il portait aux religieuses de la Conception en leur donnant pour supérieur M. l'abbé Barrère, le grand vicaire de son choix, et pour confesseur son frère, M. l'abbé Pierre Naudo. Cette sympathie était si marquante, que le peuple appela pendant un certain temps les religieuses de la Conception « sœurs de Monseigneur. »

Le 15 septembre 1845, sa Grandeur voulut bien présider la sixième élection de la mère Thérèse de Jésus comme supérieure générale.

La maison du numéro 27, qui paraissait assez grande lorsqu'on en fit l'acquisition, devint bientôt insuffisante, et les sœurs furent obligées de louer une chambre dans le voisinage pour faire une seconde classe.

Quelques familles désiraient placer leurs filles en pleine pension au nouveau couvent ; le manque de local forçait les sœurs à les refuser.

Une grande maison avec jardin, contiguë au numéro 27, fut mise en vente. C'était l'hôtel du général de Chabran ; belle occasion pour s'agrandir et qu'on ne rencontrerait peut-être plus. La maison acquise de M. Malet n'était pas entièrement liquidée ; or, comment se résoudre à contracter de nouvelles dettes, dirent quelques membres du conseil ? — Comment se résoudre ? répliqua la mère Thérèse de Jésus ; mes sœurs, ne comptez-vous donc plus sur la divine Providence : quand nous a-t-elle abandonnées ?

A cette réponse énergique, un sentiment spontané de confiance et de foi ranima le courage des conseillères ; elles votèrent toutes pour l'acquisition de l'immeuble numéro 25. Monseigneur l'Archevêque approuva la délibération, et l'hôtel de Chabran devint la propriété des sœurs le 7 juin 1846.

Grâce à la protection de Mgr Naudo, la communauté d'Avignon prit des développements ; un pensionnat fut ouvert au mois d'octobre 1846 ; un grand nombre de jeunes filles vinrent bientôt y chercher l'instruction propre à leur sexe.

Tout ce qu'est le couvent de l'Immaculée-Conception dans la ville archiépiscopale, elle le doit à Mgr Naudo, qui en a été le fondateur et le père. Sous ses auspices, plusieurs établissements furent formés dans le diocèse, tels que Châteauneuf-du-Pape et Aubignan en 1844, Sault en 1845, et la Bastide-des-Jourdans en 1846.

La Sainte-Vierge attira dans sa maison de nouvelles recrues, éléments précieux pour la plupart, et que la révérende mère appréciait justement à mesure qu'elle les connaissait davantage.

Sous la bonne impulsion de sujets déjà formés, les études devinrent plus variées et plus sérieuses : la réglementation du pensionnat gagnait tous les jours ; outre les sciences utiles, dont on s'était contenté jusque-là, il y eut des professeurs pour les arts d'agrément.

Le noviciat progressait en piété et en régularité, en même temps que les élèves progressaient en instruction et en bonne conduite.

Mgr Naudo bénissait Dieu des succès de son œuvre. Il voulut faire partager sa légitime satisfaction au cardinal Dupont, en l'accompagnant à la communauté, lors de la visite que son Éminence voulut faire à son digne et sympathique successeur, en se rendant à Rome.

II

Révolution de 1848

Tout allait à souhait lorsque les mécontentements populaires et l'insurrection amenèrent l'abdication du roi Louis-Philippe en faveur de son fils le duc d'Orléans. Mais, le 24 février 1848, la Révolution triomphante proclama la République. Avignon ne fut pas une des villes les moins agitées par les troubles politiques. Les Jésuites furent inquiétés.

La mère Thérèse de Jésus eut à sa disposition quelques hommes courageux et chrétiens qui faisaient bonne garde, pendant la nuit, aux abords du couvent. Ces gens de confiance devaient l'avertir au moindre danger.

Nous ne pouvons nous rappeler, sans en être encore émues, la ferveur de nos mères en religion, implorant la miséricorde de Dieu sur la France, sur les communautés, sur tout ce qui était l'objet de la haine révolutionnaire. Que de prières, que de supplications montaient vers le trône de l'Éternel ! Avec quelle ardeur nous demandions à Marie Immaculée de nous garder sous son égide maternelle, de nous tenir loin d'un monde que nous venions de quitter pour mieux servir son divin Fils !...

Nous avons vu avec quelle anxiété fébrile nos supérieures mettaient en lieu sûr les vases sacrés et tous les objets du culte ; nous n'oublierons jamais la confiance qu'elles nous témoignèrent, en nous faisant les auxiliaires des minutieuses précautions qu'elles prenaient dans cette pénible circonstance. Elles consolaient nos inquiétudes et nous encourageaient, nous laissant libres toutefois de retourner dans nos familles, lorsque nos parents effrayés vinrent nous solliciter de sortir du couvent. Dieu, dans sa tendresse, nous donna la fermeté et même un grand courage pour affronter le péril.

Les pères de la Compagnie de Jésus s'étaient réfugiés dans de riches familles catholiques. La chapelle de la congrégation des hommes n'était plus ouverte au public, par raison de prudence. Le révérend Père Abelle, qui en était desservant, vint s'y enfermer. Ce vénérable religieux habitait seul une petite chambre au-dessus de la sacristie. Avec l'assentiment de Monseigneur l'Archevêque, il remplissait les fonctions de chapelain du couvent. Le pieux solitaire de circonstance demeura là jusqu'à ce qu'un certain calme fût rétabli : les sœurs lui faisaient passer la nourriture et du linge par dessus le mur du petit jardin de la congrégation, contigu à celui de la communauté. Les offices religieux étaient empreints de tristesse ; on n'oubliera jamais le pathétique sermon de la Passion, prêché le vendredi-saint, à la grille du chœur.

Grâce à ces dispositions de la divine Providence, les religieuses ne manquèrent pas de secours spirituels durant cette pénible période.

III

Mort de Monseigneur Naudo

La fin du carême approchait ; les troubles duraient encore ; néanmoins les offices de la Semaine Sainte se célébrèrent à la métropole et dans les quatre paroisses de la ville comme les années précédentes : Monseigneur l'Archevêque se disposait à monter à Notre-Dame des Doms pour y célébrer les offices solennels. M. l'abbé Naudo, qui avait entendu la veille des paroles désobligeantes à l'adresse de sa Grandeur, lui dit : « Mon frère, ne montez pas à Notre Dame, je vous en supplie. » Mais le vertueux prélat, qu'un zele divin animait, écoutant plutôt la voix du devoir que celle de l'amour fraternel, s'achemina, le matin de la grande fête de Pâques, vers la basilique métropolitaine ; sur son passage, on proférait des paroles odieuses faisant allusion à son embonpoint : il les entendit. En fut-il troublé ? on peut le croire, cependant le bon pasteur n'interrompit point sa marche. L'heure venue, le pontife monte à l'autel : les majestueuses cérémonies de la messe pontificale se poursuivent avec ordre et piété. Après la communion, un mouvement insolite se produit dans le sanctuaire ; la phalange des vénérables prêtres, le cortège des jeunes lévites, tous se précipitent au pied de l'autel : Monseigneur était frappé d'apoplexie. On le transporte à la sacristie ; des soins lui sont aussitôt prodigués ; on croyait à une syncope. Un médecin qui se trouvait dans la foule des assistants offre son concours ; suivant les lumières de son art il pratique immédiatement une saignée, vaine précaution : Monseigneur avait cessé de vivre.

Quelle douleur immense pour M. l'abbé Naudo, quel effroi parmi les fidèles, quelle perte pour le diocèse dans des temps si difficiles !·

La révérende mère Thérèse de Jésus, la maîtresse des novices, sœur Thérèse Agnès, et celle des pensionnaires, sœur Ste-Eugénie, furent les témoins stupéfiés de cette douloureuse scène. Elles accoururent désolées auprès du vénéré défunt et lui rendirent les services qui étaient en leur pouvoir.

La congrégation des Filles de la Conception perdit un vrai père, qu'elle pleura amèrement. C'était le 23 avril 1848. La ville et ses environs étaient un peu moins agités depuis quelques jours : chacun vaquait à ses affaires, non sans inquiétudes, car on se battait encore à Paris.

Le chapitre métropolitain fit choix de M. Barrère pour administrer le diocèse durant la vacance du siège archiépiscopal. Ce fut une sorte de dédommagement pour la communauté de la Conception, qui depuis six ans l'avait pour supérieur. M. l'abbé Naudo avait été nommé récemment chanoine titulaire. Ce digne prêtre continua à se dépenser pour le bien spirituel des sœurs, en souvenir de la paternelle affection que leur avait vouée son vénérable frère et seigneur. Les religieuses ne sauront assez louer son dévouement de quarante-quatre années consécutives.

IV

Disparition d'une sœur

Un déplorable accident vint augmenter la douleur morale de la mère supérieure et de ses filles. Une jeune professe, pieuse, ardente, dévouée, était en proie à des peines intérieures ; la pauvre enfant craignait d'avoir manqué sa vocation en entrant dans une congrégation enseignante. Trois ans après avoir prononcé ses premiers vœux, il lui vint de grands désirs de vie solitaire. Elle avait lu et relu la vie des Pères du désert, elle en parlait avec enthousiasme et manifestait l'intention de fuir dans quelque solitude. M. le supérieur, à qui elle avait communiqué son dessein, l'en détourna comme d'un projet au-dessus de sa faible nature et partant inexécutable. On taxait cette idée de rêverie et, jugeant que la monotonie de la maison-mère facilitait ce jeu de l'imagination, le conseil décida de porter remède à ce mal en envoyant la jeune professe dans un poste au grand air. La supérieure de cette localité, femme très sérieuse, crut découvrir dans le langage de son adjointe quelque faiblesse d'esprit. Elle en conféra avec la mère générale, qui lui conseilla de la mener passer les fêtes de Pâques dans la communauté. Ce fut fait ainsi ; la sœur ne se croyait pas malade, néanmoins on la montra au médecin. Celui-ci, comprenant que cette faiblesse mentale venait d'inanition, lui dit : « Ma sœur, vous avez besoin de manger beaucoup de soupe, » comme pour l'avertir de ne plus se priver de nourriture. Elle écouta avec docilité l'observation du docteur et demanda de retourner à son poste, promettant d'être raisonnable. On la laissa partir. Trois semaines après la mort du regretté Mgr Naudo, le 10 du mois de mai, la supérieure de l'établissement, ne voyant pas descendre comme de coutume la jeune sœur pour la prière du matin, monte dans sa chambre et la trouvant déserte, elle redescend affolée au rez-de-chaussée et remarque que la fenêtre basse, facile à ouvrir, avait été laissée béante. Dans sa désolation, la pauvre supérieure court appeler les voisins, pour se mettre à la recherche de la fugitive, pendant qu'elle-même, connaissant la dévotion exaltée de sa compagne, se hâte d'aller à l'église, où elle avait quelque espoir de la trouver en oraison. Pas du tout. Ne sachant quel parti prendre, elle part pour Avignon raconter à la révérende mère cette étrange et pénible aventure. L'une et l'autre partent aussitôt et se mettent en campagne, demandant, cherchant, appelant partout, dans les bois, au bord des eaux, etc.

Son attrait pour la solitude leur donna la pensée d'avancer jusqu'aux îles du Rhône, où elle aimait d'aller en promenade. Un homme qui travaillait sur la rive répondit, à leur demande, que de grand matin il avait entrevu une femme à demi vêtue, un panier au bras, errant dans les osiers. Cette indication donna quelque espérance à la mère supérieure, puisque la fugitive était sortie en habit de dessous. On s'imagina que, prise de vertige, la malheureuse enfant par suite d'un faux pas était tombée dans le fleuve.

Tout espoir perdu, une enquête fut ouverte sans le moindre résultat. La révérende mère était fort embarrassée pour annoncer cette terrible nouvelle à la famille de l'infortunée disparue. Dans sa peine amère et après avoir invoqué sans succès tout le paradis, elle eut recours à un saint de la terre, au vénérable M. Vianney, curé d'Ars, dont la vie merveilleuse faisait l'admiration de ses contemporains.

La courageuse supérieure fit donc le voyage d'Ars, accompagnée d'une de ses sœurs. Elle demanda au sacristain la faveur d'une audience avec le saint curé. On la lui accorda, elle approcha anxieuse, tremblante, à l'aspect de ce personnage extraordinaire, d'une très modeste apparence. A peine avait-elle franchi le seuil de la porte, qu'elle entend sortir de la bouche du vénérable prêtre les paroles suivantes, accompagnées d'un geste significatif de la main droite : « Elle est morte ! priez pour elle ! » L'interlocutrice ne put en obtenir davantage, de sorte que cette étonnante disparition est toujours demeurée un mystère.

La presse rendit bientôt public un fait que

les supérieurs s'étaient efforcés inutilement de tenir secret.

Les parents de la jeune sœur rendirent la supérieure générale seule responsable de la perte de leur fille. Ils osèrent l'attaquer en justice. Cette malheureuse affaire fut plaidée au tribunal d'Apt : la déposition simple et véridique de la mère Thérèse de Jésus lui valut l'acquittement sans frais.

Un abîme appelle un autre abîme, selon l'expression du roi-prophète, et dans le monde on dit vulgairement : un malheur ne vient pas sans l'autre. Cette devise se réalisa : la grande affliction de la supérieure locale ne put être modérée par aucun raisonnement. En proie à des frayeurs nocturnes, à d'horribles cauchemars, elle s'imaginait que la justice était constamment à sa poursuite. Les sœurs qui étaient placées auprès d'elle s'aperçurent bientôt que de temps à autre ses idées n'étaient pas bien suivies ; parfois elle disait des paroles incohérentes ; son état mental l'inquiétait elle-même : dans ses moments lucides elle avouait à ses compagnes que désormais elle ne pourrait plus être d'aucune utilité à la congrégation. Ses parents, alarmés du malheureux état de leur fille, la réclamèrent : on la leur accorda sans peine.

Combien de graves réflexions doit inspirer

cette histoire aux religieuses d'une imagination exaltée, et qui ne savent pas la maîtriser par le frein de la sainte obéissance !..

V

Deuxième République

Les événements se précipitaient : le 4 mai, l'Assemblée nationale avait solennellement proclamé la seconde République. Cependant les représentants du peuple n'avaient pas la confiance de tous. Dans les grands centres ouvriers, à Paris surtout, l'amour de la liberté rendait certains hommes ingouvernables : de là une confusion d'idées qui amena la guerre civile ; ces bruits d'anarchie se répercutaient en province et y causaient un malaise général.

Il y avait encore au noviciat de la Conception quatre jeunes postulantes, à qui on laissait ignorer le plus possible les affaires du temps et les tristes conséquences qui pourraient en résulter. On les avertit simplement que la cérémonie de vêture, qui devait avoir lieu dans le mois de mai et à laquelle elles aspiraient de tout leur cœur, était ajournée. Elles se soumirent non sans peine à ce retard malencontreux et inattendu ; mais, ayant appris que le samedi des quatre-temps, veille de la Trinité, quelques séminaristes d'Avignon iraient à Nîmes recevoir les saints ordres, elles dirent entre elles : « Pourquoi serions-nous moins courageuses que ces jeunes gens ? » car elles avaient deviné la cause du retard. Là-dessus, l'une des quatre alla timidement trouver au nom de ses compagnes la mère supérieure et lui fit part de leur réflexion avec beaucoup de simplicité. La révérende mère l'écouta sans l'interrompre et lui dit gravement : « Y pensez-vous, mon enfant ? Et si on vous coupe la tête ? » La postulante répondit sans hésiter : « Eh bien ! si on nous coupe la tête, nous aurons la consolation de mourir avec l'habit religieux. »

La mère Thérèse de Jésus n'avait pas à répliquer après une réponse si énergique ; elle en parla au bon M. Barrère, supérieur de la communauté. Celui-ci voulut voir ces postulantes ; la maîtresse des novices les lui amena. Arrivées devant leur digne père, elles se jetèrent à ses pieds pour lui demander sa bénédiction. Or, pendant qu'elles étaient encore agenouillées, le vénérable supérieur donna un petit coup sur la tête de celle qui avait pris l'initiative de la demande, et dit en souriant : « Ma mère, ces petites sont courageuses, il faut les coiffer de blanc. »

Elles comprirent, c'en fut assez pour leur rendre l'espérance.

Peu de jours s'étaient écoulés depuis cette scène intime, lorsque la révérende Mère Thérèse annonça aux jeunes filles que la cérémonie tant désirée et tant de fois compromise était fixée au 6 juillet suivant, ignorant que les affaires étaient loin de s'arranger à Paris : des nouvelles désastreuses se répandaient dans toutes les parties de la France. Du nord au midi, les catholiques fervents élevaient vers le ciel des supplications ardentes, en vue d'apaiser la colère de Dieu. Les évêques ordonnèrent des prières publiques dans les églises, tandis que, dans les couvents, on ne cessait de s'immoler par des sacrifices de tous les jours, afin d'obtenir grâce et miséricorde pour le peuple français.

La ville d'Avignon ne resta pas en arrière dans ce mouvement de foi chrétienne. La dévote et royale chapelle des Pénitents gris, où le Saint-Sacrement est sans cesse exposé à l'adoration des fidèles, se remplissait tous les jours d'adorateurs. De continuelles ascensions avaient lieu à la Métropole, où l'on invoquait avec confiance Notre-Dame de Tout Pouvoir.

Messieurs les vicaires capitulaires voulurent donner à la procession de la Fête-Dieu, qui tombait le 25 juin, un éclat inaccoutumé, sorte de dédommagement des outrages faits à Notre-Seigneur de la part des hommes sans foi et sans religion : toutes les communautés religieuses furent convoquées à cette solennité. Les maisons enseignantes de la ville se firent un honneur d'y conduire leurs élèves, de sorte que orphelinats, écoles, pensionnats de tout rang et de tout sexe répondirent à cette pieuse invitation de Messieurs les vicaires capitulaires, ce qui rendit la procession générale extraordinairement belle.

Nous nous rappelons avec quelle indicible piété nous faisions cortège au Roi des rois, heureuses de coopérer pour notre faible part à sa marche triomphante à travers les rues, où pareille manifestation avait eu lieu pour la première fois plusieurs siècles auparavant.

Pendant que, pour rendre hommage au Dieu de l'Eucharistie, une longue suite de fidèles se déroulait dans l'antique cité des papes, la guerre civile multipliait ses horreurs dans la capitale. Mgr Denis-Auguste Affre, archevêque, tombait percé d'une balle, sur les barricades, où il s'était transporté, une branche d'olivier à la main en signe de paix, pour haranguer le peuple et l'exhorter à la concorde.

Le vieux télégraphe signalait précipitamment et dans toutes les directions l'affligeante nouvelle. Les gens de bien étaient consternés.

En maints endroits, des services funèbres furent célébrés pour l'archevêque de Paris et les autres victimes des barricades. Celui qui devait avoir lieu à l'église métropolitaine, fut annoncé pour le 6 juillet suivant, jour déjà marqué pour la prise de voile au couvent de la Conception.

Les jeunes postulantes dont nous avons parlé, commençaient à craindre que la cérémonie, objet de leurs désirs, ne fût ajournée définitivement, elles se trompaient ; Marie Immaculée voulut bien leur rendre l'espérance : leurs bonnes supérieures les assurèrent qu'une chose n'empêcherait pas l'autre ; dès lors, plus de crainte, elles ne pensaient qu'à préparer leur âme.

Selon l'ordonnance de Messieurs les vicaires capitulaires, le jeudi 6 juillet, à 9 heures du matin, un service des plus solennels était célébré en plein air, sur le Rocher des Doms. Les autorités civiles et militaires y assistaient en grande tenue ; une foule immense s'y tenait respecteuse et recueillie ; l'émotion était grande autant que la situation était grave. M. Barrère, vicaire capitulaire, officiait, assisté d'un clergé nombreux. Ce vénérable supérieur voulut bien se rendre au couvent, à l'issue du service funèbre, pour y procéder à la cérémonie de vêture.

Heureuses enfants ! Quelle fut leur joie et leur reconnaissance !...

On peut croire que Dieu eut pour agréables les instances faites par ces jeunes filles auprès de leur supérieure. Certains esprits les auraient taxées d'indiscrétion impardonnable ; mais Dieu, qui connaissait le fond de leur cœur, s'est plu à les bénir en les élevant aux plus hautes charges de la congrégation, où sa miséricorde les avait appelées.

VI

Craintes pour l'avenir de la Congrégation

Il était impossible que des temps si troublés ne vinssent porter atteinte au développement des communautés religieuses ; aussi le noviciat se vit-il bientôt en décroissance : les parents, qui avaient fait de fortes oppositions à l'entrée de leurs filles, les réclamèrent avec la force de l'autorité naturelle que donne la paternité. Quelques jeunes novices eurent la faiblesse de se laisser influencer ; mues par une crainte puérile, elles rentrèrent dans le monde.

Il ne vint pas de nouvelles postulantes, tant l'avenir offrait peu de sécurité aux communautés religieuses. La révérende mère et la maîtresse des novices étaient désolées de ces contre-temps. Cependant la retraite annuelle qui approchait devait être précédée de l'élection de la supérieure générale. Les sœurs se rendirent au jour indiqué, mais le personnel ne fut pas nombreux, après avoir laissé les sujets nécessaires pour assurer le service des hôpitaux.

L'élection eut lieu ; la mère Thérèse de Jésus obtint la majorité des suffrages au premier tour de scrutin.

Cette femme si vaillante, si énergique, sentit son courage s'affaiblir. Elle avouait ingénument que jamais sa difficile mission ne lui avait paru si effrayante.

Le jour de la clôture de la retraite, M. Barrère réunit la communauté. Ce vénéré supérieur comprit la peine des sœurs anciennes, à la vue d'un nombre si restreint de sujets; il les exhorta à la confiance et leur dit avec un accent convaincu et d'une voix sonore : « Mes chères filles, d'ici à vingt ans, votre congrégation aura doublé. » Paroles prophétiques qui relevèrent le courage de quelques sœurs timides et peut-être déjà ébranlées.

Le 10 décembre suivant, le prince Louis-Napoléon Bonaparte fut nommé président de la République. Bien que la majorité des français n'aimât pas cette forme de gouvernement, le nouvel élu semblait être l'homme de la

Providence : on espérait des jours plus heureux ; et en effet, l'horizon paraissait moins sombre, l'orage semblait être conjuré. Les maisons religieuses virent avec plaisir de nouveaux sujets répondre à l'appel de la grâce. Insensiblement la communauté de la Conception redevint ce qu'elle était avant la crise politique.

Les sœurs, pleines de reconnaissance envers leur divine Mère, qui les avait gardées pendant la tempête, se sentaient revivre, elles servaient Dieu avec un nouvel élan de piété, d'amour, de générosité.

Cependant l'année 1849 approchait et l'église d'Avignon était encore veuve de son évêque. Tout le monde attendait impatiemment la venue du prélat que la divine Providence avait choisi pour succéder à l'ange de douceur et de paix que pleurait l'archidiocèse.

SIXIÈME PARTIE

I

Arrivée de Mgr Debelay

L'hiver de 1849 amena le prélat choisi de Dieu pour gouverner l'église d'Avignon. C'était Mgr Jean-Marie-Mathias Debelay, évêque de Troyes.

Sa Grandeur fit son entrée solennelle dans la ville métropolitaine le mardi 27 février : clergé, hauts fonctionnaires, corps religieux et nombreux fidèles allèrent l'attendre en procession à la porte St-Lazare. Le temps était superbe ; aussi rien ne manqua à la magnificence de sa réception.

L'air de bonté, la modestie du nouveau pasteur faisaient revivre les heureuses impressions qu'avait ressenties le peuple avignonais sept ans auparavant, à l'arrivée de Mgr Paul Naudo, de douce et sainte mémoire.

Mgr Debelay mit toute la diligence possible à rendre ses visites. Partout on remarqua dans l'ensemble de sa personne une simplicité admirable, qui n'ôtait rien à la dignité. Sa haute taille, son visage reposé inspiraient le respect au premier abord. Les religieuses de la Conception crurent retrouver en lui le père dévoué qu'elles venaient de perdre en la personne de son digne prédécesseur ; aussi recoururent-elles à sa bonté avec la plus entière confiance.

Leurs prévisions ne les avaient point trompées. Aussitôt que sa Grandeur connut leur communauté d'Avignon, elle lui prodigua toutes les marques d'un bienveillant intérêt.

M. le chanoine Martin, vicaire général de Monseigneur à Troyes et qui l'avait suivi dans Avignon, accepta de bonne grâce la charge de supérieur et voulut bien s'occuper incessamment des besoins divers de la congrégation, avec une diligence égale à son entier dévouement. Il permit à M. le chanoine Naudo de continuer sa mission de confesseur ordinaire de la communauté et s'adjugea celle de confesseur extraordinaire.

Si notre tâche était de faire connaître dans quelles circonstances Mgr Debelay s'acquit l'estime et l'amour de ses diocésains, nous rappellerions les principaux actes de son épiscopat, dont le premier fut le concile provincial, célébré avec tant de solennité ; nous applaudirions au discours d'ouverture prêché dans l'église des Carmes, où le docte archevêque prit pour texte ces paroles du prophète Isaïe : « Levez-vous, Jérusalem, soyez éclairée », texte si bien développé que toute l'assistance était dans l'admiration et l'enthousiasme ; nous ne passerions pas sous silence la magnifique procession qui précéda et suivit ce remarquable discours ; nous n'aurions garde de taire la translation des reliques de saint Pierre de Luxembourg et de saint Bénézet, ces deux gloires avignonaises, objets d'une splendide manifestation dans les rues de la cité qui les honore, retentissant de pieux cantiques, notamment du brillant refrain de circonstance : « Grands saints, grands saints, etc. » ; nous exalterions la fête incomparable de l'inauguration de la statue colossale de Notre-Dame des Doms, sur l'antique tour de la basilique métropolitaine, et le ravissant effet de la ville papale artistement illuminée le soir du 25 octobre 1859. Nos louanges se changeraient en actions de grâces pour la pieuse institution de l'adoration perpétuelle du Saint-Sacrement, dans toutes les églises et chapelles du diocèse.

Ces réminiscences d'un passé glorieux nous émeuvent encore ; mais notre rôle doit se borner à considérer notre sympathique archevêque coopérant aux progrès d'une modeste congrégation, qu'il a bien voulu honorer de ses faveurs.

II

Nécessité d'un aumonier en titre

M. l'abbé Bertrand

On l'a vu plus haut, la chapelle de la congrégation des hommes servait aux religieuses, depuis leur installation au numéro 27 de la rue Philonarde. La communauté devait donc s'accommoder aux heures indiquées au règlement des congréganistes. Cette situation jetait les sœurs dans une sorte d'impossibilité d'accomplir leur règle en ce qui concerne les exercices religieux.

Le 17 septembre 1849, Mgr l'Archevêque avait reçu plusieurs novices à la profession. C'était la première cérémonie de ce genre qu'il présidait dans le diocèse. Sa Grandeur fut frappée de l'incommodité d'une chapelle d'emprunt, où rien n'appartenait à la communauté, où l'on n'était pas libre pour l'organisation des choses les plus ordinaires.

En présence de ces difficultés, Monseigneur jugea que le ministère d'un aumônier s'imposait sous tous les rapports. La mère Thérèse de Jésus objecta qu'un aumônier en titre exigeait la possession d'une vraie chapelle, et que les ressources amoindries de la communauté ne permettaient pas d'entreprendre la plus modeste construction. A cela, Monseigneur répondit que la large tribune au-dessus du chœur lui paraissait suffisante pour le temps présent. La mère supérieure dut s'incliner devant la volonté du premier pasteur. A cet effet, l'administration diocésaine fit choix de M. l'abbé Bertrand, qui, après avoir été vicaire à la paroisse St-Pierre, dans Avignon, était devenu aumônier de la succursale des Invalides, encore dans Avignon.

Lorsqu'il eut accompagné à Paris ses vétérans, M. l'abbé Bertrand prit possession de sa nouvelle aumônerie, à la grande satisfaction de la communauté.

Sans doute le genre de ministère était différent, mais le pieux prêtre sut toujours diriger ses flèches du côté favorable à la gloire de Dieu et au bien des âmes : comme l'apôtre, il se faisait tout à tous pour le salut de tous.

Les exercices communs prirent sous sa direction un courant de parfaite régularité. Le personnel enseignant et enseigné allait s'augmentant, de sorte que la tribune, le dortoir et les classes ne pouvaient plus suffire. M. l'aumônier se préoccupait beaucoup de cette gêne, et cherchait dans son esprit les moyens d'améliorer la situation. Il fallait de toute nécessité trouver un plus vaste local. Or, un jour, M. Bertrand considérait au fond du jardin, numéro 25, l'orangerie de l'hôtel de Chabran. Il conseilla à la mère supérieure d'en faire l'acquisition, pour élever sur ses ruines un bâtiment simple et spacieux, exclusivement destiné au pensionnat.

Les conseillères approuvèrent ce projet ; Mgr l'Archevêque voulut bien en autoriser l'exécution, louant beaucoup la prévoyance du digne aumônier. A la fin de juin 1851, l'orangerie et les orangers de Mlle Florine de Chabran devinrent la propriété des religieuses.

III

Construction du pensionnat d'Avignon
Résultat inespéré

Pendant que l'architecte dressait le plan et le devis du nouveau bâtiment, quelques ouvriers démolissaient l'ancien, car il faut dire que rien ne put être utilisé. Ici se renouvela ce que l'on avait vu deux fois à Piolenc : toutes les sœurs prêtèrent leurs bras pour accélérer le déblaiement du sol. Il fallait voir avec quel entrain, vieilles et jeunes charriaient des paniers de décombres ! Le jour de N.-D. du Mont-Carmel, un accident vint ralentir l'ardeur des travailleuses : la maîtresse des novices, mère Thérèse Agnès, se cassa le bras ; on comprend combien les autres durent se tenir sur leurs gardes.

Mgr l'Archevêque et M. Martin, supérieur de la communauté, approuvèrent le plan que leur soumit M. Reboul, architecte. La mère Thérèse de Jésus révéla son génie en indiquant elle-même la place et les proportions des salles d'études, dortoirs, etc., et le soin qu'elle eut de réserver au rez-de-chaussée une vaste pièce pouvant servir de lieu de récréation aux pensionnaires les jours de mauvais temps et de serre pour les orangers pendant l'hiver.

M. l'aumônier bénit la première pierre du futur pensionnat. Les sœurs et les élèves suivaient respectueusement les prières liturgiques ; toutes voulaient voir de près la boîte en plomb qui allait être enfouie à l'angle principal, partie sud du bâtiment. Cette boîte scellée renferme la médaille miraculeuse, celle de saint Joseph, de saint François de Sales et une plaque commémorative où sont gravés les noms et prénoms de Mgr l'Archevêque, de M. l'aumônier, de la révérende mère générale et la date de cette bénédiction.

A mesure que les murs s'élevaient, on y incrustait de loin en loin des rameaux d'olivier bénit. Les travaux s'avançaient rapidement. L'année suivante 1852 et le 14 juillet, à la suite d'une cérémonie de vêture, Mgr Debelay, assisté de plusieurs chanoines, curés et vicaires, bénit le nouveau local ; les élèves en prirent possession au mois d'octobre suivant.

La nouvelle de cet agrandissement du pensionnat se répandit bientôt à la ronde : il s'ensuivit une augmentation subite de vingt-cinq pensionnaires.

IV

Fermeture de communication avec la congrégation des hommes

En cette même année 1852, un différend survenu entre le président de la congrégation des hommes et la supérieure générale, au sujet d'un petit espace entre le sanctuaire de la chapelle et le chœur des religieuses, détermina Mgr l'Archevêque à faire murer les deux ouvertures grillées, autorisées dès le principe par Mgr Naudo. Ce peu de terrain, objet de la discussion, revint à la congrégation. La surface de la tribune se trouva amoindrie d'autant. L'exiguïté n'en fut plus supportable. Aussi, malgré les dettes déjà contractées, les sœurs durent se résoudre à construire une vraie chapelle. Songer à faire construire une chapelle en comptant sur la Providence, c'était bien beau ; mais où trouver un emplacement convenable ? De quel côté s'étendre ? La bonté de Dieu y pourvut sans trop de retard.

Un vieux ménage sans enfant habitait, rue Philonarde, numéro 23, une ancienne maison, dont le seul agrément était le jardin, qui se prolongeait jusqu'à la rue Pont-Trouca, y débouchant par une étroite ruelle, commune entre deux autres propriétaires. Ce local pouvait fournir un bel emplacement pour la chapelle. La cession en fut demandée par intermédiaire, M. Gaillard comprit. Comme il avait beaucoup de peine à quitter cette habitation, lieu de sa naissance, où il espérait finir ses jours, ses prétentions dépassaient de beaucoup la somme prévue et votée par le conseil. On se mit enfin d'accord en payant largement ce qu'on appelle les convenances. La vente fut consentie et l'acte enregistré le 23 décembre 1852.

Le prince Napoléon, président de la République, venait d'être proclamé empereur. La France entrait dans une ère de pacification et de prospérité : ceci raffermit le courage de la révérende mère. Les sœurs étaient médiocrement satisfaites d'une acquisition qu'elles trouvaient onéreuse, car leur budget déjà chargé se grevait de plus en plus. M. l'aumônier ne cessait de les exhorter à la confiance en Dieu par l'exemple du passé. Il réussit auprès du plus grand nombre ; les exhortations du bon père étaient presque toujours efficaces.

A cette époque, M. le grand vicaire Martin ayant pris à cœur de développer et de consolider la congrégation des religieuses gardemalades, dites Pauvres sœurs de saint François d'Assise, donnait à cette œuvre naissante son temps et ses sollicitudes. Il se déchargea sur l'ancien supérieur, M. Barrère, que la communauté revit volontiers à sa tête, lors même qu'elle dut des regrets et de la reconnaissance à M. Martin.

Le vénérable supérieur favorisa le projet de la communauté pour la construction d'une chapelle. Quelques membres du conseil étaient d'avis qu'elle fût intérieure, pour l'usage exclusif de la communauté ; d'autre part, la mère supérieure comptait tirer bon parti de la maison nouvellement acquise ; dans ce but elle fit creuser les fondements dans le jardin. Mais Mgr l'Archevêque, qui voulait une chapelle ouverte au public, se transporta au couvent ; là, il examina toute chose avec cette justesse d'appréciation qui lui était propre, et sans attendre de consentement, il ordonna aux terrassiers de combler les fouilles déjà faites. Sa Grandeur donna l'ordre à l'architecte de faire démolir la maison Gaillard, jusqu'à concurrence de la surface nécessaire pour l'exécution de son plan ; mais les dimensions une fois bien prises, l'espace manqua en longueur : nouvel embarras. Cependant on était pris dans l'engrenage, impossible de reculer. Quelqu'un dit à la plus proche voisine du couvent, la veuve Payen, que les religieuses allaient faire bâtir dans le jardin Gaillard. Elle s'émut à la pensée que son étroite cour serait trop bornée pour lui permettre de respirer un air pur et de voir un petit coin du ciel. Pauvre femme ! Elle fit offrir sa vieille maison par un tiers, ne soupçonnant pas qu'elle concourait par cet acte à l'accomplissement des desseins de la Providence. Or, bien que ses conditions fussent loin d'être avantageuses, on la lui acheta le 15 février 1853.

Les obstacles matériels étant ainsi levés, les ouvriers procédèrent à la démolition des vieux locaux.

V

Accident déplorable

Tout allait pour le mieux : les travaux du chœur et des deux étages qui le surmontent, marchaient de pair avec ceux de la chapelle ; les uns et les autres avançaient rapidement, lorsqu'un accident déplorable vint attrister la communauté, l'entrepreneur et tout le voisinage. L'éboulemeut d'un vieux mur qui devait faire place à la façade de la chapelle atteignit deux maçons. L'un d'eux fut mortellement frappé ; on le transporta immédiatement à l'hôpital, où, malgré les soins dévoués des religieuses, il ne vécut que le temps nécessaire pour se préparer à bien mourir.

Ses compagnons consternés ne reprirent leur travail qu'après avoir accompagné ses restes au champ du repos.

Toute la communauté offrit à Dieu des prières spéciales pour le repos de l'âme de cet infortuné. L'autre maçon, qui était père de famille, eut quelques contusions et blessures sans importance.

VI

Bénédiction de la chapelle

Le 3 juillet 1854, tout était prêt dans la nouvelle chapelle gothique pour sa bénédiction : l'autel en marbre blanc, surmonté de sa flèche élancée, était prêt à recevoir le Dieu d'amour dans son tabernacle.

L'orgue était placé à la grande tribune, comme impatient d'honorer de ses suaves harmonies la présence au gracieux sanctuaire de l'hôte divin des âmes virginales.

Le pontife vénéré de tous, Mgr Debelay, ayant autour de lui une couronne de prêtres pieux, procéda à la bénédiction du nouveau cénacle. Une foule sympathique et silencieuse assistait à la cérémonie. Les voix fraîches et pures des élèves firent retentir les voûtes de l'enceinte sacrée, dédiée à la divine Mère, des brillants accords du *Jubila, Sion, filia, gaude jugi lætitia* (1) et d'autres hymnes au Saint-Sacrement, qui donnèrent beaucoup d'éclat à cette première fête.

Après le saint sacrifice, Mgr l'Archevêque bénit les voiles blancs : dix heureuses postulantes reçurent avec ferveur et amour ces pre-

(1) Mis en musique pour la circonstance, avec un incontestable talent, par l'habile compositeur avignonais, M. Imbert.

mières livrées de la religion. Un salut solennel termina cette imposante cérémonie.

Un triduum en action de grâce, prêché par le R. P. Payan, de la Compagnie de Jésus, en fut l'heureux couronnement.

Ainsi, après tant de sollicitudes, la mère Thérèse de Jésus était parvenue à procurer un bien-être relatif à toute la communauté, tant dans l'ordre spirituel que dans l'ordre temporel.

VII

Huitième election de la mère Thérèse de Jésus
Retraite, Choléra

Au mois de septembre 1854, avant la retraite, eut lieu la huitième élection de la supérieure générale : la mère Thérèse de Jésus obtint la majorité des suffrages. Les sœurs qui étaient venues pour ce motif, retournèrent promptement dans leurs postes, où elles avaient laissé des compagnes dévouées auprès des cholériques, car l'épidémie sévissait avec violence dans presque tout le département.

Les habitants des pays contaminés, où se trouvaient les sœurs, admiraient ces bonnes religieuses, oubliant le danger et la fatigue, pour secourir et consoler les victimes du cruel fléau. Leur sollicitude ne se bornait pas à soigner les corps ; elles procuraient aux malades les derniers sacrements, leur frayant ainsi le chemin de la bienheureuse éternité.

La sœur St-Alexis, à Lauris, dont la modestie égalait le courage, assista toute une famille, où les uns abandonnaient les autres à mesure qu'ils les voyaient atteints. Elle se trouva seule dans la maison pour ensevelir la dernière survivante, c'était la mère.

Le dernier jour de la retraite, deux sœurs sentirent les atteintes du choléra ; leur état était si grave, que M. l'aumônier dut leur administrer les derniers sacrements. La communauté vit avec grande édification Monseigneur l'Archevêque apporter aux sœurs malades, avec l'espérance, une paternelle bénédiction, qui fut comme le commencement de leur convalescence. En effet, elles furent bientôt rendues à la santé. L'épreuve ne fut pas longue. Aucune des sœurs qui avaient soigné les malades du dehors ne fut atteinte du fléau. Marie-Immaculée voulut bien garder sa famille.

L'état sanitaire n'étant pas suffisamment rétabli dans la région au premier octobre, la rentrée des classes dut être retardée. L'indécision de certaines mères durant ce premier trimestre nuisit à la prospérité du pensionnat.

Néanmoins, les élèves furent assez nombreuses pour solenniser convenablement la fête titulaire du 8 décembre, célébrée pour la première fois dans la chapelle.

VIII

Fête solennelle
a l'occasion de la proclamation du dogme de l'Immaculée Conception

La croyance à la conception très pure de la Mère de Dieu s'accentuait de plus en plus ; les fidèles chrétiens aspiraient au jour où le souverain pontife Pie IX, de sa voix infaillible, proclamerait à la gloire de la Vierge Marie le privilège insigne d'une conception exempte du péché originel : cet honneur était réservé à notre siècle.

Le grand pontife Pie IX, cédant aux désirs de sept cent cinquante cardinaux, patriarches, archevêques, évêques, vicaires apostoliques, et pour satisfaire sa dévotion à la Reine des vierges, fit un article de foi d'une pieuse et universelle croyance, en proclamant immaculée dans sa conception notre divine Mère du ciel.

C'était le 8 décembre 1854, jour où tout l'univers catholique en célébrait la fête, en vertu d'une bulle d'Innocent XII, en date du 15 mai 1693.

La parole solennelle et profondément émue du grand pape dominait une assemblée importante, qui tenait les yeux anxieusement levés sur son auguste personne. Cet acte des plus éclatants avait été résolu dès le 1er décembre. Les Filles de la Conception, que nous appellerons désormais Religieuses de l'Immaculée Conception, furent comblées de joie : elles préparèrent avec ardeur une fête splendide, précédée d'un triduum prêché par un Père de la Compagnie de Jésus (1).

A cette occasion, le souverain pontife Pie IX voulut bien enrichir la chapelle d'une indulgence plénière au jour de la fête et durant l'octave, et lui concéder la faveur d'un autel privilégié.

Notre bonne Mère Immaculée ne resta pas insensible aux hommages qui lui étaient rendus : elle daigna y répondre par beaucoup de grâces. Le noviciat s'accrut de plusieurs sujets, et au mois de janvier 1855 la rentrée des élèves dépassa les espérances.

M. Barrère était heureux en constatant l'augmentation du personnel ; le nouveau dortoir au-dessus du chœur était déjà occupé par de jeunes pensionnaires, et la salle d'étu-

---

(1) Le Révérend Père G. Bouffier.

des du noviciat demandait un agrandissement. Malgré la nécessité, on dut temporiser pour faire une réparation qui devait imposer une nouvelle dépense.

IX

Révision et impression de la règle

La sollicitude de Mgr Debelay ne se bornait pas au développement matériel, il songeait plus sérieusement encore à la prospérité spirituelle de la congrégation. Or, un jour il demanda à la Mère supérieure un exemplaire imprimé de la règle, afin de l'examiner à loisir. C'eût été bien difficile de le satisfaire, car jusque-là le fruit des veilles et des prières de M. d'Hugues était demeuré à l'état de manuscrit. Chaque année, pendant la grande retraite, la révérende Mère en donnait lecture aux sœurs réunies ; mais, comme toutes ne pouvaient pas s'y rendre, il y en avait qui ne connaissaient guère la règle que par la pratique, laquelle en certains points pouvait différer selon les pays et les emplois. Sa Grandeur s'étonna qu'on eût maintenu jusqu'à ce jour une situation capable d'amener insensiblement des variations et des inexactitudes nuisibles à l'esprit de corps. Elle se prononça sur l'opportunité de livrer à l'impression la règle détaillée, après mûr examen, pour que chaque sœur, ou tout au moins chaque maison, en eût un exemplaire, afin qu'une lecture plus assidue en facilitât la pratique.

Messieurs Barrère et Bertrand, sur le désir de Mgr l'Archevêque, acceptèrent avec générosité la révision du précieux manuscrit, resté jusqu'alors en l'exclusive garde de la Mère supérieure. Ces Messieurs avaient pour mission, si besoin en était, d'en modifier ce qui ne paraissait plus praticable, à raison des fatigues toujours croissantes de l'enseignement. Disons à leur louange qu'ils s'acquittèrent de leur mandat avec beaucoup de diligence et d'à-propos. Du consentement de Mgr l'Archevêque, l'abstinence du mercredi et le jeûne du vendredi furent compensés par diverses prières et une diminution de licences, seule modification que le temps et les circonstances pouvaient motiver.

Avant de livrer le manuscrit à l'impression, ces deux supérieurs dévoués réunirent en leur présence non seulement la Mère générale et les conseillères, mais encore toutes les religieuses professes. Ils voulurent bien donner lecture de leur minutieux travail, qui fut applaudi de toutes sans exception. Les sœurs témoignèrent à ces Messieurs leur satisfaction et leur reconnaissance par l'organe de la mère Thérèse de Jésus.

X

Départ de M. Barrère, M. Clément, vicaire général, lui succède en qualité de supérieur

Les choses allaient ainsi à souhait, lorsque l'excellent M. Barrère quitta le diocèse pour aller à Perpignan, où il avait été curé : l'évêque le rappela pour remplir la charge de supérieur du grand séminaire. La communauté le regretta beaucoup. Mgr l'Archevêque désigna pour le remplacer M. l'abbé Clément, récemment nommé vicaire général.

Le nouveau supérieur s'intéressa, dès le début, à tout ce qui regardait la congrégation ; il fit la visite détaillée de la maison mère, voulut connaître les sœurs en particulier, afin de leur être utile en toutes circonstances. Il encourageait les élèves en honorant de sa présence les examens trimestriels.

XI

Inondation du Rhône

Disons un mot en passant de la terrible inondation du Rhône en 1856. C'était le samedi 31 mai, veille du jour où la procession générale de la Fête-Dieu devait passer dans la rue Philonarde ; les tentures étaient disposées pour cette solennité. Entre quatre et cinq heures du soir, M. le chanoine Girolet, de sainte mémoire, se rendait au couvent pour célébrer la clôture du mois de Marie, qu'il prêchait depuis six ans, soit dans l'oratoire privé de la communauté, soit dans la chapelle publique depuis son inauguration.

Le sympathique et populaire prédicateur, arrêté par les eaux, dut se retourner de la place Pignotte : une brèche faite en deux endroits des remparts, donnait un libre accès dans la ville aux flots épandus du fleuve rapide. Les vannes en aval étant fermées, l'eau refluait par les égouts, de sorte que les bas quartiers la recevaient dans tous les sens. C'était un sauve-qui-peut général. Les parents affolés venaient chercher leurs enfants ; l'élément furieux entrait dans la maison par toutes les ouvertures avec un bruit d'écluse. La crue subite de l'eau imprimait au cœur et à l'esprit une profonde tristesse. Tout le rez-de-chaussée était inondé, même la chapelle, jusqu'au-dessus des marches de l'autel.

M. le chanoine Bertrand était depuis plus d'une heure dans la maison. Le premier soin du pieux aumônier fut de sauver le Saint-Sacrement. En passant par le chœur, il put prendre la sainte réserve dans le tabernacle et dut marcher sur des bancs disposés sous le cloître pour atteindre l'escalier circulaire. Quelques sœurs précédaient, en psalmodiant d'une voix émue l'hymne *Pange lingua*. Nous nous rappelons avec quelle indicible tristesse nous faisions cortège au Maître des éléments chassé par eux de son temple. Nous avancions gravement vers le noviciat, la maîtresse des novices y préparait un tabernacle provisoire, où fut déposée la sainte Eucharistie.

L'humble troupe demeura en adoration pendant une heure, car les eaux montaient toujours ; on ne prie jamais si bien qu'à l'heure du danger.

M. l'aumônier resta dans le couvent, ce dont les sœurs ne cessaient de le remercier.

Au premier coup d'alarme, l'économe avait employé tout le personnel du couvent pour arracher les légumes du jardin, prévoyant qu'ils ne seraient plus bons à rien après l'inondation. Cette scène ne manquait pas de piquant : chacune apportait au premier étage sa cueillette de choux, de salades, radis, etc. Le tout fut amoncelé pour un usage prochain, car il restait quarante pensionnaires de fort bon appétit, et il n'était plus temps de s'approvisionner. Par un heureux malentendu, le boulanger avait triplé la provision de pain.

A la tombée de la nuit, un jeune garçon qu'une femme ramenait de la campagne faillit être noyé, avec sa conductrice, près de la porte d'entrée. L'enfant se hissait par les barreaux de fer des fenêtres basses, mais la pauvre femme ne pouvait en faire autant. Elle se débattait dans l'eau qui entraînait son modeste véhicule. M. l'aumônier, témoin de cette scène douloureuse, leur tendit une échelle pour les introduire au premier étage. Les sœurs s'empressèrent autour d'eux. Après les avoir séchés et alimentés, elles leur procurèrent un bon repos pour la nuit. Le lendemain, dimanche, M. l'aumônier fut heureux de trouver dans son petit naufragé un bon servant de messe, pour les trois jours de réclusion accidentelle.

Mgr l'Archevêque, soucieux des besoins de son peuple, passait en bateau dans les rues inondées, offrant du pain et des provisions à ceux qu'il voyait aux fenêtres.

Une fois les eaux bien écoulées, chaque sœur se prêta pour réparer les avaries qu'avait causées l'inondation au rez-de-chaussée,

XII

Agrandissement du Noviciat

L'année suivante, 1857, la communauté donna suite au projet d'agrandir le noviciat ; à cet effet, plusieurs ouvriers se mirent à l'œuvre et construisirent en même temps une infirmerie et les cellules du troisième étage. Grâce à Dieu et à la protection de Marie, les travaux furent exécutés sans aucun accident.

XIII

Le couvent d'Avignon
est autorisé par Napoléon III comme siège social

La communauté d'Avignon n'était pas encore autorisée par l'État ; Mgr l'Archevêque chargea Messieurs Clément et Bertrand de faire les démarches nécessaires pour obtenir de sa Majesté l'empereur Napoléon III le transfert de la maison-mère de Piolenc à Avignon.

M. l'aumônier était lié d'amitié avec le marquis de Cambis d'Orsan, ancien pair de France. Par son intervention, le décret de transfert demandé fut signé le 11 juin 1858. La maison de Piolenc devint simple succursale.

XIV

Fausse mystique

La congrégation avait le malheur d'abriter dans son sein une fausse mystique. Ses continuelles singularités attirèrent l'attention des sœurs et de plusieurs personnes dans le poste qu'elle occupait. Les supérieurs jugèrent prudent de la rappeler dans la maison-mère, afin de mieux juger de cette situation anormale. Là, cette malheureuse, à force de momeries, parvint à faire croire qu'elle était dans des voies tout à fait extraordinaires, trompant ainsi la pieuse crédulité du vertueux prêtre que les supérieurs avaient choisi pour étudier et diriger cette âme. Elle jouait si bien la sainte, que plusieurs personnes demandaient le secours de ses prières.

Les illusions tombèrent lorsque, par l'adresse d'une sœur, ces incessantes supercheries parurent dans toute leur évidence. Enfin, après quelques mois de cette déplorable comédie, la fausse mystique fut renvoyée, ayant à son actif la honte d'avoir non seulement joué un rôle imposteur, mais encore celle de s'être approprié une somme d'argent relativement forte, qu'on la força à rendre. La grande solution fut donnée le 10 août 1858.

Voilà comment le démon se joue des esprits faibles et des orgueilleux qui s'écartent de l'obéissance, de l'humilité et de la simplicité, vertus que nous ont enseignées la Sainte-Vierge et les saints.

La révérende mère Thérèse de Jésus, qui avait agi avec beaucoup de bonne foi dans cette affaire, en fut très chagrine pour l'effet désolant qu'elle allait produire dans l'esprit général de la congrégation, et si péniblement affectée qu'elle témoigna dès lors le désir d'être déchargée de ses lourdes responsabilités.

On verra, au chapitre suivant, dans quelle circonstance Dieu voulut bien l'exaucer, au mois de septembre 1859, après quarante années consécutives d'un généralat accompli au milieu de fatigues incessantes et de sollicitudes sans nombre vaillamment surmontées.

Elle avait alors soixante-huit ans trois mois.

XV

Développement de la Congrégation
durant le généralat de la mère Thérèse

Bien que le généralat de la mère Thérèse de Jésus ait été semé de beaucoup d'épines, il n'a pas laissé d'être fécond ; trente écoles communales et huit hôpitaux furent fondés durant cette période. Les circonstances n'ont pas permis de conserver tous ces établissements ; toutefois, les vingt-cinq qui étaient en activité lors de sa déposition attestent le zèle, le courage et l'intelligente activité de la digne supérieure, qu'on verra se dévouant sans relâche jusqu'à sa mort aux intérêts généraux de la Congrégation.

SEPTIÈME PARTIE

I

MÈRE STE-EUGÉNIE, SON ENFANCE, SA VOCATION

Dès l'arrivée des sœurs de la Conception à Carpentras, une jeune fille de seize ans, Maria Aulagne, se sentit fortement attirée vers leur communauté. Trop jeune encore pour avoir le consentement de sa famille, elle fréquentait le plus possible le couvent, caressant l'espoir de s'y donner tout entière au jour déterminé par la volonté divine.

Cette enfant de choix naquit à Carpentras le 21 novembre 1818, jour où l'Église honore la Vierge Immaculée dans sa présentation au temple de Jérusalem. Sa pieuse mère l'offrit à Marie et lui donna son nom, la plaçant ainsi sous la protection spéciale de l'auguste Reine du Ciel.

Tous les dons extérieurs semblaient s'être donné rendez-vous sur cette tendre enfant ; ceux de la grâce, moins saillants dès le jeune âge, se manifestaient à mesure que croissait en elle la raison.

Dès l'enfance, la gracieuse petite Maria faisait les délices de ses parents et de leurs nombreux amis, par l'amabilité de son caractère qu'embellissaient ses petites manières enfantines.

Ayant fini sa dix-neuvième année, Mlle Maria obtint le consentement de son père et fit son entrée au couvent de Carpentras (30 avril 1838), alors maison principale de la Congrégation.

La jeune postulante ne tarda pas à se faire aimer et même respecter, à son insu, de ses compagnes du noviciat. Chérie et appréciée de plus en plus de ses supérieures, elle fut admise sans hésitation à revêtir l'habit religieux, le 2 octobre 1838. Dans cette cérémonie, à laquelle son âme innocente s'était préparée avec une indicible ferveur, Maria Aulagne reçut le nom de sœur Ste-Eugénie, nom qu'aucune autre n'aurait mieux honoré, étant dans sa signification le résumé des qualités naturelles de l'heureuse novice.

Sa régularité, son amour de l'obéissance, sa piété tendre la firent admettre à la sainte profession l'année suivante (3 octobre 1839).

Envoyée à Joncquières, à l'âge de vingt-un ans, pour la direction de l'école communale, sœur Ste-Eugénie sut s'y conduire comme une professe expérimentée dans l'art d'enseigner et de vivre en bonne intelligence avec des personnes de tous rangs, sans faillir aux devoirs d'une vraie religieuse institutrice.

En 1843, la révérende mère Thérèse de Jésus se l'attacha pour fonder la communauté d'Avignon et lui confia le pensionnat naissant.

La jeune directrice, sans présomption, sachant bien qu'elle avait besoin d'être aidée, se reposa, pour les études classiques, sur les sœurs capables que lui avait adjointes la Mère supérieure. Pour elle, toute à l'éducation morale, ses soins étaient partagés entre l'instruction religieuse et la conduite privée de chaque élève, à qui elle savait inculquer, autant par l'exemple que que par les paroles, les principes de la plus solide piété.

Esprit fin, délicat, observateur et conciliant tout ensemble, nul ne peut dire combien sa manière de procéder plaisait aux parents, aux élèves surtout, qui aimaient jusqu'à ses réprimandes. Douée d'un excellent cœur et d'une adresse merveilleuse, sœur Ste-Eugénie disposait de mille moyens pour amener à la soumission les caractères les plus récalcitrants, les esprits les plus opiniâtres. Elle eut la joie de voir plusieurs jeunes filles qu'elle avait élevées se consacrer à Dieu dans la vie religieuse ; d'autres sont restées vierges dans le monde, qu'elles ont édifié par l'exemple de leurs vertus. Et combien de mères de famille ont profité de ses salutaires enseignements !..

Tant de rares qualités la désignèrent à la mère Thérèse de Jésus pour en faire sa collaboratrice dans un plus haut degré. C'est pourquoi, lors de l'élection de 1854, la bonne sœur Ste-Eugénie fut nommée assistante générale et secrétaire.

Ces nouvelles fonctions ne la détournèrent pas de celles qui l'avaient absorbée depuis onze ans ; notre excellente sœur n'en continua pas moins à donner à ses chères élèves ses soins dévoués avec une indiscutable intelligence. C'est dans l'exercice de ces triples fonctions que la divine Providence vint la prendre pour la charge la plus élevée, la plus difficile, comme aussi la plus périlleuse : celle de supérieure générale.

II

Sa première élection, son généralat

La révérende mère Ste-Eugénie fut élue à la presque unanimité des suffrages, le 10 septembre 1859. Elle était alors dans sa quarantième année.

L'élévation de la nouvelle élue fut pour elle un coup de foudre et la cause d'abondantes larmes. Elle sentait trop la portée de son effrayante maternité pour entrer sans appréhensions dans cette voie redoutable pleine de responsabilités accablantes.

La nouvelle supérieure aimait la révérende mère Thérèse de Jésus et la respectait dans une large mesure ; elle comprenait, par le silence mystérieux des religieuses vocales avant l'élection, que chacune avait agi sous l'unique inspiration du Saint-Esprit ; qu'elles aussi avaient mille raisons d'aimer leur ancienne supérieure, leur mère à toutes, dont le grand âge et les incessants labeurs méritaient un repos physique et moral.

Toutes ces pensées se croisaient dans l'esprit de la nouvelle élue, au moment où Monseigneur l'Archevêque lui offrit les clefs, en signe d'autorité, comme l'indique le cérémonial. Pénétrée d'une profonde humilité, elle hésita à les prendre, enfin elle accepta par obéissance, suffoquée de larmes et de sanglots. Un silence profond régnait dans le chœur : Dieu avait parlé, on ne pensait qu'à s'incliner ou se soumettre. Étonné de ce silence, Mgr l'Archevêque voulut bien entonner le *Te Deum,* que continuèrent seuls M. Clément, vicaire général et supérieur, M. Naudo, chanoine de la Métropole et confesseur extraordinaire, et M. le chanoine Bertrand, aumônier et confesseur habituel de la communauté.

Toute l'assistance aurait voulu se joindre à ces messieurs pour chanter l'hymne d'action de grâces ; mais l'amour, le respect, la gratitude réclamaient leurs droits en faveur de la vénérable mère déposée. Le souvenir d'un dévouement traduit par d'incessantes fatigues, ne pouvait laisser insensibles les sœurs qui avaient bénéficié de tant d'efforts de volonté et de foi religieuse. La raison avait beau dire que la santé débilitée de la révérende mère Thérèse de Jésus et son âge avancé demandaient du repos, le cœur sentait quand même la peine de sa déposition. On aurait voulu les conserver l'une et l'autre.

La révérende mère Ste-Eugénie se défiait beaucoup d'elle-même. Son caractère timide lui faisait craindre certains dangers pour son autorité ; mais sa rare prudence et la souplesse de son esprit allaient triompher de tout.

Un des premiers actes de la mère Ste-Eugénie, celui qui l'honora le plus, fut l'attention filiale avec laquelle elle mit à la tête de son conseil la vénérable mère déposée, lui décernant le titre de première assistante et la proposant pour remplir les fonctions d'économe générale. On comprend combien cette proposition plut à tous les membres du conseil. Sa longue expérience des affaires et les étonnants résultats obtenus durant son administration justifièrent ce choix. La mère Thérèse de Jésus fut donc chargée de la comptabilité, en quoi elle excellait, et de tout le matériel.

Jusque-là le gouvernement de la congrégation avait été pour ainsi dire unifié dans la personne de la supérieure générale : ce n'étaient point là les idées de la mère Ste-Eugénie ; au contraire, chacune devait donner à l'œuvre commune la part d'action qu'indiquait son titre. Dans ce but, elle donna pour auxiliaire à la mère Thérèse de Jésus la religieuse (1) qui, étant précédemment nommée économe, n'était, en fait, que dispensatrice. Trois jeunes sœurs en qui la nouvelle supérieure entrevoyait de précieuses collaboratrices complétèrent le conseil privé, l'une en qualité de seconde assistante, l'autre de maîtresse des novices et la troisième de directrice du pensionnat.

Une secrétaire générale était devenue indispensable. Le coup-d'œil perspicace de la révérende mère Ste-Eugénie la trouva dans l'intelligente et laborieuse sœur Cœur de Jésus, âgée de trente-sept ans, qui joignait à une instruction développée un esprit et un cœur profondément religieux.

(1) Sœur Bathilde Biscarrat.

Aussitôt entrée en charge, la nouvelle secrétaire fit une revue détaillée des nombreux papiers, et mit à part ceux qui pouvaient être de quelque importance. Elle arrangea en liasse les actes divers, titres de propriétés, etc., et les écrivit sommairement par ordre de date, en un répertoire facile à consulter. Ce volume manuscrit, continué depuis lors, avec le grand registre complexe du personnel, sont les œuvres les plus utiles sorties de sa plume.

Durant les quinze années qu'elle a vécu après sa nomination à l'importante charge de secrétaire, sœur Cœur de Jésus n'a cessé d'édifier la communauté par ses vertus religieuses, telles que la sainte pauvreté, l'amour du silence et le soin qu'elle prenait pour l'avancement des sujets dans l'étude des sciences utiles.

Revenons à la révérende mère Ste-Eugénie. Au cours de la retraite qui suivit son élection, ses rapports avec les sœurs laissèrent dans chacune d'elles des sentiments de confiance filiale, lesquels, unis à la grande estime qu'elles avaient de sa personne, affermirent en quelques jours sa douce autorité. Comment résister à des conseils empreints de prudence, de sagesse, de piété et d'amour maternel ?

III

Inauguration de Notre-Dame des Doms

Vers ce même temps, Mgr Debelay, archevêque d'Avignon, conçut le projet d'élever sur la tour de la basilique des Doms une statue colossale de la Sainte Vierge, comme pour bénir et protéger la ville d'Avignon et tout son diocèse. Sa Grandeur fit un chaleureux appel à tous les fidèles, surtout aux maisons religieuses vouées au culte de Marie. Elle désirait que chacun y participât selon la mesure de ses moyens. La bonne mère Ste-Eugénie répondit à cette invitation en déposant dans les mains de Monseigneur cinq cents francs, offrande relativement importante vu les ressources de la communauté. Les religieuses devaient en outre coopérer pour une part facultative à l'ornementation de la rue pour honorer le passage de la procession qui devait, selon le programme, précéder la bénédiction de la statue.

Les religieuses de l'Immaculée-Conception voulurent en cette circonstance témoigner hautement leur amour filial envers leur divine patronne. Quelques semaines avant la fête, les sœurs et les élèves rivalisaient d'entrain pour donner à la décoration du couvent un éclat digne de celle qui était l'objet de la solennité. Tout fut prêt pour le 24 octobre 1859, jour désigné pour la grande manifestation. Sans parler des emblèmes mystérieux, ornements des fenêtres, ni des bannières nombreuses flottant en l'honneur de Marie ; sans décrire l'élégant décor de l'arc de triomphe grec monumental qui surmontait la grande porte et tenait toute la largeur de la rue dans une épaisseur de deux mètres ; sans rappeler le brillant effet des cinq cent cinquante godets en feu au déclin du jour, disposés ingénieusement en lustres, guirlandes et festons, nous ne devons point laisser dans l'oubli le sujet principal porté à la procession par les grandes pensionnaires : c'était la représentation du couronnement de la Vierge Immaculée, le 8 décembre 1854. Des personnages en cire, richement vêtus, entouraient l'image de Marie. L'un d'eux représentait le grand pape Pie IX, déposant sur la tête de la Reine du ciel une couronne d'or. Étaient auprès un archevêque et deux cardinaux. Soixante-six religieuses et cent élèves en blanc et voilées formaient cortège à ce groupe significatif, fixé avec goût sur un brancard artistement orné.

Nous écrivons ces choses pour édifier et

faire ressortir l'amour, la générosité des excellentes mères Ste-Eugénie et Thérèse de Jésus, qui avaient bien voulu laisser toute liberté d'action au zèle ardent qui animait leurs jeunes officières.

Le lendemain de cette incomparable fête, dont la ville papale conservera toujours un riant souvenir, la mère Ste-Eugénie partit avec deux sœurs qui allaient fonder un nouvel établissement.

IV

M. LE CHANOINE BERTRAND
NOMMÉ CURÉ D'APT, M. MATHIEU LUI SUCCÈDE COMME AUMÔNIER

L'année 1860 arriva avec sa part d'épines et de roses. N'y en a-t-il pas dans toutes les saisons ?

M. le chanoine Bertrand dut quitter ses humbles fonctions d'aumônier pour accepter la charge de curé archiprêtre d'Apt. Il dit adieu à la communauté le 19 mai, emportant les regrets et la reconnaissance des religieuses et des élèves qu'il avait guidées et édifiées pendant dix ans environ.

Ses derniers rapports avec la communauté furent empreints d'une certaine tristesse dont on ne se rendait pas compte. Depuis un mois le pieux aumônier faisait ses préparatifs de départ, sans oser en parler à qui que ce fût, tant son changement lui était pénible.

La révérende mère Ste-Eugénie, ayant appris la nouvelle par un prêtre de passage, voulut s'assurer du fait par Monsieur l'aumônier lui-même, qui lui répondit affirmativement d'une voix étouffée de sanglots. C'était le 25 avril. Nous n'oublierons jamais cette scène attendrissante.

Ce départ fut un chagrin pour la révérende mère Ste-Eugénie, qui s'appuyait sur ce vertueux prêtre au début de son gouvernement, car l'inoubliable M. Bertrand s'intéressait au matériel comme au spirituel.

M. l'abbé Bertrand était un vrai père par son inaltérable et impartiale charité. Son abord facile, accompagné d'une gravité modeste, inspirait le respect et la confiance. Bon sans faiblesse, affable sans imprudence ni familiarité, patient en toute rencontre, le parfait aumônier savait s'accommoder à toutes les situations. Entre autres qualités on remarquait son désintéressement et son amour des pauvres. Animé d'un zèle vraiment sacerdotal, il suivait pas à pas et sans relâche les âmes confiées à sa direction. Chacune semblait être seule l'objet de ses pieuses sollicitudes.

Plein de goût et d'ardeur pour les cérémonies religieuses, il excitait et encourageait les sœurs à relever par des chants et d'élégants décors l'éclat du culte extérieur, et cela sans nuire au recueillement habituel qui paraissait dans toute sa personne.

Mgr Debelay avait déjà confié à son zèle l'œuvre de saint François de Sales, dès son apparition, et l'avait nommé directeur diocésain. Répondant aux vues du premier pasteur, le digne prêtre s'était donné beaucoup de mal pour faire connaître l'association naissante à tous les prêtres de l'archidiocèse. Or, afin de réunir le plus grand nombre possible d'associés, il avait fait imprimer des feuilles explicatives sur cette œuvre éminemment catholique.

Monsieur l'aumônier avait déjà érigé dans le pensionnat les deux congrégations des Enfants de Marie et des Saints Anges.

Nous sommes heureuses de payer à sa douce mémoire ce faible tribut de reconnaissance ; pourrait-il compenser dix années de labeurs continuels et de dévouement sans bornes ?

Monseigneur l'Archevêque, attentif à prouver son attachement à l'institut de l'Immalée-Conception, voulut bien lui donner pour succéder à M. Bertrand un des prêtres les plus pieux et les plus capables de son clergé : M. l'abbé Augustin Mathieu, vicaire aux Carmes, âgé de trente-trois ans.

Nous verrons plus tard avec quelle maturité et quelle prudence il sut, au début de son ministère, compenser ce qui manquait à son âge.

V

Grave maladie de la mère Sainte-Eugénie
Affliction de ses filles

En décembre 1860, la révérende mère Ste-Eugénie fut atteinte d'une terrible maladie : une opération délicate autant que douloureuse, à laquelle elle eut beaucoup de peine à se soumettre, mit ses jours en danger. On peut juger du chagrin de la communauté, de celle d'Avignon surtout, notamment des sœurs en charge qui savaient seules combien l'état de leur supérieure était grave. Pour répondre aux pieux désirs de la malade, M. l'aumônier lui avait apporté la sainte communion la nuit de Noël. Le premier janvier, sa situation demanda le saint viatique.

L'absence de M. Bertrand était pour elle une grande peine, quoique M. Mathieu eût gagné sa confiance.

Le digne supérieur, M. Clément, s'efforçait

de relever le courage des sœurs plongées dans la désolation. Toute la communauté était en prières ; on s'adressait surtout au cœur de Jésus dans le saint tabernable. Le très révérend père Drevon, jésuite, promoteur de l'association de la Communion réparatrice, vint prendre des nouvelles de la révérende Mère, après la cérémonie du saint viatique. Il demanda la jeune assistante qu'il avait établie zélatrice de son œuvre de prédilection, pour la communauté. Celle-ci, tout éplorée, lui exprima son indicible douleur. Le révérend Père d'une voix forte et d'un accent convaincu lui dit : « Votre Mère ne mourra pas, ayez confiance au Sacré Cœur de Jésus, je vous promets sa guérison si vous savez l'invoquer avec ardeur. » — « Mon Père, c'est fait : en ce moment la communauté entière est réunie à cette intention devant le tabernacle ! » — « C'est bien, ne craignez plus ! que le Cœur de Jésus vous console. » En effet, l'excellente Mère, objet de tant de prières et de supplications, se trouva bientôt hors de danger ; sa convalescence s'effectua sensiblement, sa santé revint aussi bonne qu'on pouvait le désirer, Son heureuse famille rendit grâces au Cœur de Jésus de cette faveur inestimable. La révérende Mère était alors âgée de quarante-deux ans.

VI

Acquisition et bénédiction de l'hôtel de Murs

Nous allons revenir à la communauté de Carpentras. La maison qu'elle occupait rue des Pénitents-Gris était devenue insalubre et trop resserrée pour abriter simultanément les élèves payantes et les classes gratuites. Pendant le mois de septembre 1861, la supérieure locale apprit que l'hôtel de Murs, vaste et belle habitation parfaitement aérée, du côté des Platanes, allait être mise en vente. Averties à temps, la révérende Mère et ses deux assistantes partirent pour la visiter. A leur retour de Carpentras, elles rendirent compte de leur exploration aux sœurs du conseil général, réunies sous la présidence de M. Clément, supérieur. Il fut délibéré qu'une offre raisonnable serait faite au propriétaire. Etant tombés d'accord, le grand local fut acheté le 15 octobre 1861, et l'acte authentique passé en l'étude de M⁰ Ch. Barcilon, notaire à Carpentras.

Que de frais et combien les secours de la divine Providence devenaient encore nécessaires! car l'ancienne maison venait d'être vendue à un prix bien inférieur à la somme qu'on avait à dépenser pour approprier l'hôtel de Murs à sa nouvelle destination.

Ici nous retrouvons la mère Thérèse de Jésus avec son activité d'autrefois. Ce projet lui avait souri dès la première ouverture que lui en avait faite la supérieure locale. Il y avait énormément à travailler pour aménager le grand corps de bâtiment et les dépendances de cet immeuble. La mère Thérèse en était charmée. On aurait dit que ce genre de travail, passé dans ses habitudes, allait la rajeunir. Et en effet, malgré ses soixante-dix ans, cette vaillante femme dirigea toute chose. Chaque semaine elle allait et venait d'Avignon à Carpentras. Les travaux ne durèrent pas moins de six mois, pendant lesquels la laborieuse et fidèle économe ne céda à personne le règlement de comptes minutieux de la maison-mère, tout en s'occupant avec intelligence de ses ouvriers de Carpentras.

Le 19 mars 1862, les sœurs étaient à peu près installées à l'hôtel de Murs ; tout était prêt pour la bénédiction de la salle destinée à la chapelle et de tout ce vaste local : chants, ornementation, programme avaient été organisés d'avance. M. le vicaire général Clément et M. l'abbé Mathieu, aumônier de la maison d'Avignon, arrivèrent à neuf heures. M. le chanoine Naudo, que les sœurs se faisaient une joie de voir à cette fête, fut empêché par la maladie de se rendre à l'invitation de la Mère générale.

Parmi les invités, étaient M. Maillefaud, curé de N.-D. de l'Observance, et M. l'abbé Ricard, aumônier de la maison de Carpentras. Ce dernier célébra la sainte messe, après la bénédiction de la chapelle, pendant que les religieuses et leurs élèves exécutaient de pieux cantiques.

La révérende mère Ste-Eugénie y était avec ses deux assistantes et quelques autres sœurs venues de la maison-mère et des environs.

Une pluie diluvienne, poussée par le vent du sud, faisait entendre un bruit sourd qui disposait l'âme au recueillement et à la prière. L'on se sentait sous une impression indéfinissable. L'Époux céleste allait descendre pour la première fois sous ces riches lambris, décorés jadis pour la vanité humaine. Après le saint sacrifice, M. le vicaire général, suivi du clergé en habit de chœur et d'une nombreuse assistance, parcourut toute la maison en l'aspergeant d'eau bénite avec un bouquet d'hysope. On psalmodiait le *Miserere* en marchant sous ces austères voûtes des sous-sols, que l'absence du soleil rendait encore plus sombres. On se croyait transporté aux siècles de persécution, où, pour échapper à la fureur des princes idolâtres, les chrétiens tenaient leurs pieuses assemblées au fond des catacombes. L'illusion disparut bientôt lorsque, par le circuit exécuté, le cortège se trouva à l'entrée de la chapelle : là on n'avait plus à craindre les tyrans, le Dieu d'amour y attendait les âmes pures, heureuses de l'avoir pour hôte.

A cinquante-trois ans de distance et à pareil jour, le vénérable M. d'Hugues avait posé à Piolenc les premières bases de l'institut de la Conception. Cette coïncidence n'était point un effet du hasard ; elle avait été prévue par les supérieures, afin de rendre doublement mémorable la bénédiction du nouveau couvent. Sur le soir, un salut solennel clôtura cette fête. Tous les prêtres présents à la cérémonie du matin voulurent bien y assister.

La fontaine placée au fond du jardin, dans un arceau cintré, au frontispice roman, en face du perron intérieur, était surmontée d'un Neptune en pierre, d'une certaine valeur artistique. La mère supérieure en fit don au musée de Carpentras, et fit mettre en sa place une statue en terre cuite de Marie Immaculée. Le 28 mai 1863, M. Guérin, archiprêtre de St-Siffrein, en fit la solennelle bénédiction, assisté de MM. les abbés Mathieu et Ricard, le premier, aumônier de la maison-mère, et l'autre, de celle de Carpentras. C'était le jour de la première communion ; beaucoup de parents assistèrent à cette pieuse inauguration, qui eut lieu après le renouvellement des vœux du baptême et fut suivie de l'acte de consécration à la Sainte Vierge.

VII

Maladie et mort de Monseigneur Debelay

Pendant l'année 1863, la santé de Monseigneur l'Archevêque dépérissait de jour en jour ; le repos lui avait été rigoureusement prescrit. Il ne put présider la procession générale du Saint-Sacrement, ni donner la confirmation. M. Martin, vicaire général, avait accompagné sa Grandeur au sol natal, espérant, sur la parole du médecin, une amélioration à son état.

Tout le diocèse et surtout les corps religieux priaient pour le vénéré malade. Les nouvelles que l'on recevait de Nantua, pays natal de Monseigneur, paraissaient rassurantes, on osait même espérer que sa Grandeur pourrait présider les séances de distribution de prix dans les établissements scolaires ; mais il n'en fut rien : le mal, reprenant le dessus, lui ôta toute possibilité d'agir.

Cette nouvelle affligeante vint assombrir la joie de son retour dans sa ville épiscopale. Le vénéré prélat approchait du terme de sa précieuse existence ; son peuple déplorait d'avance le malheur qui le menaçait, tandis que les anges du ciel tressaient déjà sa couronne.

Le saint Archevêque, se voyant près de mourir, voulut répandre encore une fois ses bénédictions sur les communautés religieuses qu'il avait tant aimées durant son épiscopat. Toutes les supérieures d'Avignon furent appelées auprès de sa Grandeur ; les sœurs cloîtrées y envoyèrent leurs tourières. C'était pendant la retraite générale ; la révérende mère Sainte-Eugénie, la mère économe et la maîtresse des novices s'y rendirent. A l'heure du paternel rendez-vous, la pieuse troupe entoura le lit du vénéré malade, qui jeta sur elle un regard empreint de la plus vive tendresse ; puis, levant au ciel sa main amaigrie par la souffrance, le saint prélat, d'une voix défaillante, supplia le Seigneur de faire descendre, dans une large mesure, ses bénédictions sur ses chères communautés religieuses. L'assistance émue ne put répondre que par des sanglots aux suprêmes adieux de ce tendre pasteur et père. Dans la crainte de lui causer une trop vive émotion et un surcroît de fatigues, les sœurs se relevèrent, et chacune prit le chemin de son couvent, les larmes aux yeux et le regret dans le cœur. Le vénérable et bien-aimé archevêque ne survécut pas longtemps à cette scène attendrissante. Il rendit sa belle âme à Dieu le 27 septembre. Sa mort affligea vivement le clergé, les communautés religieuses et les fidèles du diocèse, de qui le doux et sympathique prélat était tendrement aimé.

Impossible de décrire l'anxiété où se trouvaient les religieuses de l'Immaculée-Conception, par la crainte de perdre d'un même coup leur vénéré prélat et M. Clément, leur digne supérieur. Il leur paraissait difficile de trouver un père plus dévoué à leur institut.

Huit jours après les obsèques, le chapitre métropolitain nomma vicaires capitulaires MM. Saïn, Sermand et Clément. Ce dernier continua d'exercer à l'égard de la congrégation les fonctions de supérieur.

La mort de Monseigneur l'Archevêque avait fait un grand vide à la communauté, habituée à recevoir chaque année, le jour de la clôture de la retraite, ses conseils et ses encouragements paternels.

Restait à implorer le ciel pour qu'il daignât

donner au diocèse d'Avignon un pasteur digne de succéder à celui qui venait de s'envoler vers les demeures éternelles.

Des prières ferventes furent faites dans chaque paroisse, tant que dura la vacance du siège archiépiscopal.

VIII

Mgr Dubreil succède a Mgr Debelay

Le choix de sa Majesté l'empereur Napoléon III se fixa sur Monseigneur Louis-Anne Dubreil, évêque de Vannes, qui fut préconisé par Sa Sainteté Pie IX le 24 février 1864.

Dès qu'elle eut connu cette nomination, la révérende mère Ste-Eugénie, avec ce tact qui la distinguait, écrivit ses félicitations au futur archevêque, qui lui répondit de Vannes une lettre dont voici un fragment : « Le bien que
« vous faites dans le diocèse d'Avignon m'est
« connu ; je sais aussi l'intérêt que vous por-
« taient mes prédécesseurs et celui que vous
« portait le vénérable et saint ange Debelay.
« Je ferai tout ce qui sera en mon pouvoir
« auprès de tout le monde et surtout auprès
« de vous. »

Mgr Louis-Anne Dubreil fit son entrée dans Avignon au milieu d'une grande pompe, le 17 mars. Le discours qu'il prononça dans l'église métropolitaine fit bien augurer de son épiscopat.

Le 7 avril, Monseigneur l'Archevêque faisait sa première visite à la communauté, accompagné de MM. Sermand et Clément, vicaires généraux.

Sa Grandeur répondit avec beaucoup d'à-propos aux chants et aux compliments d'usage, qui lui furent adressés par les élèves du pensionnat. La révérende mère Ste-Eugénie, prenant la parole, lui demanda comme une grâce de maintenir M. Clément dans ses fonctions de supérieur. « Il vous est conservé », répondit l'Archevêque. Puis, se tournant vers son grand vicaire, il lui dit avec un aimable sourire : « M. Clément, soyez clément pour ces « bonnes sœurs. »

Cette visite fut doublement précieuse à la communauté, heureuse de posséder encore en M. le vicaire général Clément le père dévoué qu'elle craignait de perdre.

IX

Confirmation de la révérende mère Ste-Eugénie dans la charge de supérieure générale

En 1864, le 11 septembre, fut confirmée dans sa charge de supérieure générale la révérende mère Ste-Eugénie ; M. Clément réunit les sœurs vocales dans le chœur. Après le chant du *Veni creator*, il la renomma en vertu de l'autorité que lui avait donnée Monseigneur l'Archevêque.

Le conseil privé et le conseil général furent maintenus. La mère Thérèse de Jésus continua ses fonctions d'économe générale, et sœur Cœur de Jésus celle de secrétaire. Les sœurs vocales provoquèrent cette mesure, s'inspirant de la règle qui l'autorise après cinq ans de généralat. Leur but était de consolider le gouvernement pacifique et intelligent de la révérende Mère ; en cela elles étaient assurées d'être agréables à toute la congrégation.

HUITIEME PARTIE

I

Sœur Saint-Ignace

L'année 1865 eut à enregistrer, comme les précédentes, des vêtures, des professions, des succès scolaires et des décès parmi les sœurs.

Le premier vide fait à la maison-mère fut la mort prématurée de la chère et bonne sœur Saint-Ignace, dont la vie exemplaire faisait l'édification de la communauté. Jamais on ne vit plus d'amabilité, plus de spirituelle gaieté s'unir à la pratique des vertus religieuses.

Entrée au noviciat à vingt ans, admise à la sainte profession n'ayant pas atteint sa vingt-deuxième année, la congrégation attendait beaucoup de ce sujet précoce. Hélas! une hémorrhagie de poitrine obligea les supérieurs à la retirer du poste qu'elle occupait, avec un succès étonnant, pour la faire reposer dans la maison-mère, dès les premiers jours de 1850.

La jeune professe, pleine d'énergie, tout en

traînant sa frêle santé, ne consentait pas à demeurer oisive. « Vivre inutile, oh ! je ne puis m'y résigner, » disait-elle souvent. Or, afin de donner une sorte de satisfaction à son activité, M. l'aumônier obtint de la révérende Mère supérieure qu'on détachât de la première classe quatre élèves des plus avancées, pour leur faire donner par l'intelligente malade quelques leçons supplémentaires, pour la forme, car la maîtresse de cette division était très capable.

La prière et les remèdes aidant, ce petit travail, en rapport avec ses goûts et l'aménité de son caractère, réussit à la fortifier insensiblement. La chère sœur, ne se sentant plus inutile, reprit le calme de l'esprit avec la vie commune.

Ces jeunes filles, appréciant de plus en plus sa manière d'enseigner, témoignèrent le désir de l'avoir pour unique maîtresse : on la leur accorda. C'était le noyau d'une classe supérieure, d'où à chaque session d'examen sortaient et sortent encore d'excellents sujets.

Sœur Saint-Ignace avait su par ses grandes qualités gagner la confiance de la révérende mère Sainte-Eugénie, qui la nomma conseillère, lors de sa première élection (10 septembre 1859), puis maîtresse du pensionnat, emploi dans lequel elle réussit à merveille.

Cependant la maladie n'était qu'enrayée ; le germe existait encore, mais la gravité de son état ne reparut que dans l'année 1864. La vertueuse malade ne soupçonnait point le danger qui la menaçait. Aussi ne voulait-elle rien céder de ses préoccupations, tant étaient forts son courage et son énergie. Les devoirs de sa charge étaient pour cette âme d'élite une chose sacrée. Douze jours avant sa mort, arrivée le 9 février 1865, on la voyait encore assidûment occupée à sa part de comptabilité du pensionnat. L'infirmerie n'a pas abrité longtemps ce corps amaigri par la souffrance. Sa belle âme partit pour l'éternité, calme, sans remords, comme pour un court voyage, laissant à ses sœurs, aussi désolées qu'édifiées, de rares exemples de mépris du monde, d'amour de la règle, de silence et de pauvreté.

Le souvenir de ses vertus est demeuré comme un doux parfum dans le cœur de ses élèves et des religieuses, dont elle était le modèle. Elle était âgée de trente-neuf ans.

II

Dévouement de M. Brémond, curé des Carmes

Au mois de juillet, une nouvelle visite du choléra vint jeter l'alarme dans la ville et la banlieue ; l'épidémie fit sentir ses cruelles atteintes jusqu'à la fin de septembre. La santé publique demandait qu'on évitât les agglomérations ; d'autre part, la retraite générale allait s'ouvrir, une partie des sœurs étaient rendues ou en route, lorsque le religieux qui devait la prêcher se désista. En même temps, deux pauvres sœurs malades attendaient l'appel de Dieu. M. le chanoine Naudo était en vacances ; au surplus, M. l'aumônier était absent pour une affaire qu'on ne pouvait retarder. Le cas était difficile pour la révérende mère Sainte-Eugénie : la bonne Providence, attentive à tous nos besoins, inspira au vénérable M. Brémond, curé des Carmes, la pensée d'aller prendre des nouvelles de la communauté, ce qu'il faisait souvent, surtout lorsque son excellent cœur entrevoyait quelque douleur à consoler, quelque service à rendre. La révérende Mère lui exposa la situation en termes émus : le charitable pasteur lui dit : « Rassurez vous, ma « bonne Mère, tout s'arrangera : vos sœurs « feront la retraite, et vos malades ne man- « queront pas de secours. » Cela dit, on régla, séance tenante, que M. le curé donnerait deux retraites successives, à quelques jours de distance, afin qu'aucune sœur n'en fût privée.

L'état des malades s'aggravait ; on avertit M. l'aumônier, qui hâta son retour, mais, hélas ! malgré sa diligence, il ne put donner les dernières consolations aux chères mourantes.

Le bon et digne curé ne les laissa point ; il les accompagna de ses encouragements et de ses prières jusqu'à l'heure suprême. Ces deux décès, à deux jours d'intervalle, affligèrent sensiblement les sœurs réunies pour la première retraite ; et, bien qu'ils fussent indépendants de l'épidémie, la communauté en était dans la consternation. Des religieuses, arrivant pour la seconde retraite, eurent la douleur de rencontrer en route le convoi funèbre de la dernière sœur décédée (34 ans).

Le sympathique prédicateur réussit merveilleusement à relever le moral des religieuses, qui firent leur retraite plus sérieusement que jamais. Les leçons de la mort sont si éloquentes !

On ajourna la cérémonie de vêture et de profession qui devait avoir lieu. Il tardait à la supérieure d'aérer le couvent, et aux religieuses d'aller respirer une atmosphère plus salubre.

Les sœurs, touchées de la bonté de M. le curé, voulurent lui en témoigner leur reconnaissance ; il répondit modestement : « Je n'ai fait que mon devoir. »

M. le chanoine Brémond n'en était pas à

son coup d'essai : dévoré d'un zèle vraiment sacerdotal, on le trouvait partout où il y avait une douleur à consoler, une misère à secourir. Infatigable prédicateur, directeur prudent et éclairé, il n'y avait pas dans le couvent de retraite, de jubilé, de première communion ou d'absence de confesseur, qu'il ne vînt s'y dévouer, sans compter avec la fatigue et les lourdes charges d'une paroisse difficile et laborieuse.

Il avait été durant huit ans le père plutôt que le curé de M. l'abbé Mathieu, son vicaire, avant d'être aumônier de la communauté d'Avignon. Ce rapprochement rendait ces Messieurs plus chers aux religieuses, d'autant qu'ils étaient animés d'une même ardeur pour tout ce qui touchait aux progrès spirituels.

III

Deuxième élection
de la révérende mère Sainte-Eugénie
Qualités de M. l'abbé Mathieu

Au mois de septembre 1869, une élection eut lieu en faveur de la révérende mère Sainte-Eugénie. Ses chères filles furent très heureuses du résultat du scrutin.

Rien de marquant ne se produisit durant

le reste de l'année. Le noviciat et le pensionnat continuaient à prospérer, sous la douce et intelligente impulsion de M. l'abbé Mathieu, toujours en parfait accord avec la révérende Mère, la directrice des études et les religieuses avec qui il avait des rapports obligés. Ce digne aumônier était unique pour rallier les esprits divisés ou refroidis, pour ramener au devoir l'élève lassée d'obéir ou dégoûtée du travail ; c'était le guide par excellence, exhalant partout le parfum des vertus modestes qui le caractérisaient : piété, douceur inaltérable, impartialité, amabilité, dévouement de tous les jours que rien ne pouvait ralentir ; il se prêtait à tout, il se donnait pour ainsi dire.

Affectueusement préoccupé des sœurs malades, M. l'aumônier les visitait souvent, les consolait, les encourageait à se faire un mérite de leur pénible situation, et quand la mort s'avançait terrible et menaçante, ce père plein de charité savait, par des paroles puisées dans son cœur attendri, rendre l'espérance aux âmes agitées par les derniers combats, et ne les quittait qu'après les avoir remises entre les mains du Souverain Juge.

IV

Acquisition du grand jardin, rue Pont-Trouca

En janvier 1870, une occasion inattendue permit à la communauté d'Avignon d'acheter un grand jardin potager, situé entre la rue Pont-Trouca et le couvent du Bon-Pasteur.

La mère Thérèse de Jésus négocia cette affaire à l'avantage de la congrégation, en comptant, comme toujours, sur la divine Providence. Le 28 février, on passa l'acte public en l'étude de Me Massador, notaire à Avignon.

La laborieuse économe allait atteindre sa soixante-dix-neuvième année ; ses forces physiques diminuaient, mais sa mémoire ne lui faisait pas défaut ; elle régla avec le vendeur l'époque de la prise de possession : le 1er juin suivant.

V

Guerre avec la Prusse, Dévouement des religieuses

C'était l'année néfaste où de graves événements allaient jeter la France dans la désolation et le deuil : la guerre déclarée à la Prusse fut une source de désastres. Nos ennemis victorieux entrèrent dans notre beau pays qu'ils dévastèrent sur leur passage, depuis le Rhin jusqu'à la capitale. De temps à autre nos troupes avaient quelques avantages, mais, à dire vrai, la force de notre armée s'en allait de défaite en défaite.

La capitulation de Sedan amena un désarroi complet. On se battait sans relâche. Dans les provinces du centre et du midi la frayeur était grande, on craignait l'arrivée des Prussiens, et chacun cherchait à mettre en sûreté ses biens et sa personne.

Le conseil de la congrégation profita de la crise pour rendre à leur famille quelques sujets dont la vocation était douteuse. L'hiver était exceptionnellement rigoureux ; les pensionnaires du dehors n'étaient point rentrées au mois d'octobre et celles de la ville furent en bien petit nombre.

Les blessés encombrant les champs de bataille et les hôpitaux, on en dirigea sur les villes de province : Avignon en reçut un assez bon nombre. Deux ambulances, l'une au palais archiépiscopal, l'autre au petit séminaire, furent pour les religieuses de l'Immaculée-Conception l'occasion de prouver combien elles prenaient une part active aux malheurs de la France.

Quatre sœurs se relevaient pour donner les soins les plus assidus à ces malheureuses victimes de la guerre.

Dans le couvent, toutes s'employaient à secourir nos soldats d'une manière moins directe, mais pourtant très utile : les unes confectionnaient des tentes pour le campement des militaires, contraints pour la plupart à bivouaquer sur la neige ; celles dont les mains trop délicates n'étaient point faites à ce genre de travail, confectionaient des ouvrages de goût pour les magasins, toujours au profit des blessés. Les sœurs converses quêtaient de côté et d'autre des draps de lit assouplis par l'usage et du linge hors de service, dont elles faisaient de la charpie.

VI

Dernière maladie
et mort de la mère Thérèse de Jésus

La vigilante économe s'inquiétait pour l'avenir de la congrégation, lorsque Dieu vint la prendre, sans doute pour lui épargner de nouveaux chagrins et récompenser ses incessants labeurs.

Un catarrhe, comme elle en avait souvent, l'avertit par son opiniâtreté de sa fin prochaine. Le jeudi 22 décembre, elle reçut la sainte communion pour satisfaire sa piété. Vers six heures du soir, elle s'informa si M. l'aumônier

était dans la maison et demanda d'être administrée, indiquant elle-même les objets pour parer son lit. Assurée de la présence de M. l'aumônier, elle dit à la révérende Mère : « Ne dérangez pas les sœurs de l'office, il y a assez de monde ici. » M. l'aumônier fut bientôt là, il lui donna l'extrême-onction, assisté seulement de la mère Ste-Eugénie, de la deuxième assistante et de l'infirmière. Elle demanda l'indulgence *in articulo mortis* : M. l'aumônier hésitait à la lui appliquer, ne la croyant pas en danger prochain. Sur les vives instances de la malade, le pieux prêtre se rendit à son désir. Avant de recevoir cette dernière grâce, elle se tourna vers la Supérieure et lui dit :
« Soyez assez bonne de demander pardon
« aux sœurs pour moi, de ce qui a pu les mal
« édifier dans ma conduite. » Ensuite elle reçut l'indulgence dans un recueillement profond. Elle passa une nuit très calme, sommeillant et priant. Le lendemain matin, la vénérée malade, assise sur son lit, acheva certain règlement de compte. Dans l'après-midi, la troupe et la garde nationale faisaient patrouille dans les rues de la ville terrifiée. En entendant battre la générale, la vénérée mère nous disait gaiement, comme si elle eût été en récréation et en marquant la cadence :
« Prends ton sac, ton fusil, etc. Entendez...,

« c'est pour moi, il faut que je parte. Je quitte
« volontiers cette terre de malheur. » C'est
qu'en effet la vaillante chrétienne pouvait
dire après S. Paul : « J'ai combattu, j'ai achevé
ma course, il ne me reste qu'à recevoir la
couronne de justice. »

M. l'aumônier, étonné de ce sang-froid,
disait : « Je ne comprends pas qu'une vie si
« agitée s'éteigne au milieu d'un calme si
« profond ; c'est bien là une grâce spéciale. »

La nuit du 23 au 24 s'annonçait fort bonne ;
la chère mère voulait que son infirmière allât
se reposer quelque peu, mais celle-ci n'en
fit rien, fort heureusement, car vers trois
heures du matin elle s'entend dire : « Je veux
« changer de tout pour être bien propre ;
« donnez-moi du linge bien blanc. » La chère
malade se coiffa avec soin, se fit donner de
l'eau bénite et dit : « Ma sœur, maintenant
« laissez-moi dormir et dormez vous-même. »
La vénérable mère Thérèse de Jésus resta
dans ce paisible et dernier sommeil. Il était
quatre heures du matin lorsqu'on s'aperçut
qu'elle avait cessé de vivre (1) !

C'était la veille de Noël : une neige épaisse
couvrait le sol, le givre pendait aux branches
des arbres dépouillés, le ciel était sombre,
tout dans la nature comme dans le couvent

---

(1) Elle avait 79 ans, 8 mois.

était empreint de tristesse ; mais là haut tout devait être joie pour cette infatigable ouvrière : elle a été vaillante jusqu'au bout, sans défaillance, sans plaintes, toujours forte de la grâce de Dieu, à qui elle avait fait le sacrifice de tout par amour.

Le beau jour de Noël, qui apporte généralement la joie dans les familles, fut rempli pour les religieuses de l'Immaculée-Conception d'émotions pénibles. Elles accompagnèrent en priant et pleurant les restes vénérés de leur ancienne supérieure au champ du repos. Cette chère dépouille fut déposée dans un tombeau de famille.

La mort ne surprend pas le juste dans le sommeil de l'indifférence. Toute la vie de la mère Thérèse de Jésus s'était écoulée dans un salutaire mélange de prières et de travail ; et lorsque les sœurs s'étonnaient qu'elle pût suffire à l'accomplissement de la règle et aux exigences de ses écrasantes fonctions, elle répondait imperturbablement : « Nous nous reposerons au ciel. »

Assez souvent la correspondance et les comptes la retenaient à son bureau jusque bien avant dans la nuit, sans qu'elle se dispensât, pour ce motif, de descendre au chœur pour la prière du matin et l'oraison commune : cet exemple de régularité, la vénérée mère l'a donné pendant plus d'un demi-siècle.

VII

Générosité des élèves

A la fin de l'année 1871, les élèves redevenues nombreuses firent le sacrifice de leurs prix pour les orphelins de la guerre. Elles reçurent, en place de livres, pour offrir à leurs parents, une élégante attestation de leurs mérites. La solennité eut lieu comme les années précédentes, présidée par Monseigneur l'Archevêque d'Avignon. L'une d'elles, après un compliment de circonstance et au nom de ses compagnes, offrit à sa Grandeur une belle fleur artificielle, dont le pistil se composait d'un certain nombre de pièces d'or. Monseigneur remercia gracieusement et dit aux élèves : « J'envoie votre généreuse offrande aux orphelins de la guerre, mais je conserve la fleur en souvenir de votre bonne action. »

NEUVIÈME PARTIE

I

Laïcisations. Nouvelles fondations

Sous le gouvernement de la seconde République et après tous nos désastres, quelques municipalités imbues de faux principes, croyant que la religion, cette gardienne des mœurs, ne devait plus remplir en France qu'un rôle secondaire, voulurent remplacer dans les écoles les religieuses par des maîtresses laïques, tandis que d'autres plus avisées agissaient en sens contraire.

Parmi les fondations de cette époque, on compte Nice et Paris.

II

Nice : les religieuses bénédictines, Mgr Sola le R. P. Vincent

Les religieuses de l'Immaculée-Conception, dont l'origine fut si modeste, n'ambitionnaient pas le séjour des grandes villes : si elles ont dressé leurs tentes à Nice, puis à Paris, c'est par une disposition particulière de la divine Providence. Voici comment. Une petite communauté de Bénédictines de l'Immaculée-Conception s'était formée à Andancette (Drôme), sous la protection des Révérends Pères Bénédictins de Solesmes.

Un différend survenu entre le R. P. abbé et la fondatrice, concernant l'immeuble qu'elles habitaient, les força à laisser ce premier berceau de leur congrégation. La petite troupe fut s'établir à Paris ; deux d'entre elles qui étaient malades se dirigèrent sur Nice, où elles espéraient retrouver la santé. Les premières ouvrirent dans la capitale une école primaire ; les autres, s'étant un peu restaurées sous le beau ciel de Provence, réunirent dans la petite maison qu'elles avaient louée dans la banlieue quelques enfants, pour leur apprendre les éléments de la doctrine chrétienne et les premiers principes de la lecture et de l'écriture.

Ce modeste début encouragea la fondatrice à leur envoyer deux aides.

En 1862, elles firent l'acquisition d'un immeuble dans la paroisse St-Barthélemy, s'installèrent tant bien que mal dans les vieux bâtiments en ruines, et firent construire une très modeste chapelle ; mais leurs faibles ressources, insuffisantes pour remplir leurs engagements, amenèrent de déplorables déficits.

Pendant les horreurs de la Commune, celles de Paris avaient dans leur maison de Reuilly un poste de fédérés. Outre les maux que leur fit souffrir cette bande infernale, elles eurent la douleur de perdre la mère Rosalie Alma, supérieure et fondatrice.

L'armée de Versailles les délivra de leurs hôtes parasites.

Ces bonnes sœurs, au nombre de sept, étaient tristes et découragées ; tous ces événements leur firent oublier leurs sœurs de Nice, au sujet desquelles la Mère fondatrice n'avait fait aucune recommandation. Dès lors, chaque maison fut abandonnée à elle-même ; ayant une existence particulière, chacune se recrutait comme elle le pouvait.

Les sœurs de Nice, se voyant ainsi délaissées, écrivirent plusieurs fois à la supérieure, qu'elles croyaient encore de ce monde, des lettres qui restèrent sans réponse.

Sous les auspices de Mgr Sola, évêque de Nice, la petite communauté s'accrut de sept nouveaux sujets. Le charitable pasteur les protégeait, les soutenait, s'intéressait à elles comme il savait s'intéresser à tout ce qui était malheureux. Il voulut bien leur donner pour guide et supérieur le T. R. P. Vincent Oliva, provincial des récollets (province de France), résidant au couvent de Cimiez.

Le vénérable religieux, plein de zèle, voyant que leur petite rétribution scolaire ne suffisait pas à leurs besoins de chaque jour, obtint, non sans peine, deux classes communales, l'une dans la paroisse, l'autre dans un quartier de la vieille Nice.

Au mois de juin 1874, M. l'inspecteur d'Académie, en résidence à Nice, fut changé et remplacé par celui d'Avignon, bien connu de la communauté. Le révérend Père provincial s'effraya de ce changement, par la raison que, ses protégées n'ayant ni brevet, ni lettre d'obédience, l'inspecteur, les trouvant en défaut, pourrait bien les remplacer par d'autres institutrices. Préoccupé de cette crainte, le digne supérieur fit une visite au nouveau fonctionnaire et lui dit timidement : « Monsieur l'ins-
« pecteur, je prends la liberté de vous recom-
« mander nos petites sœurs de l'Immaculée-
« Conception, qui ont deux écoles dans la
« commune de Nice. » — « Les sœurs de l'Im-
« maculée-Conception n'ont pas besoin de
« m'être recommandées, je les ai vues à l'œu-
« vre dans le département de Vaucluse. »

Le P. Vincent, surpris, se contenta de remercier, mais il disait en lui-même : « Que peuvent donc être ces religieuses de l'Immaculée-

Conception dont parle cet inspecteur ?... Pourquoi n'écririons-nous pas à nos Pères d'Avignon pour obtenir des renseignements précis et tenter d'affilier nos pauvres sœurs à une congrégation plus importante et mieux affermie ? » Travaillé par cette pensée, il va compter son aventure à Monseigneur l'Évêque. Sa Grandeur, de plus en plus attristée de la situation précaire de ces bonnes filles, et entrevoyant pour elles une planche de salut, encouragea le révérend Père à poursuivre son projet.

Tous renseignements donnés par le révérend P. Bénigne, gardien de la communauté d'Avignon, Mgr Sola écrivit à Monseigneur l'Archevêque et à la supérieure générale des lettres fort touchantes, les suppliant de répondre à son appel pour l'amour de Dieu.

Mgr l'Archevêque et M. Clément, supérieur, décidèrent que la révérende Mère irait à Nice, avec une de ses assistantes, pour voir les choses de près, et qu'avant de rien promettre elles rendraient compte au conseil du résultat de l'exploration. Une visite du révérend Père provincial, de passage à Avignon, hâta le départ. La Mère supérieure et sa compagne arrivèrent à Nice le jour de la fête de S. Bonaventure, coïncidence qui fit bien augurer des démarches du Père provincial.

Les visiteuses furent accueillies par les bonnes sœurs comme les envoyées du ciel. Monseigneur l'Évêque était en tournée pastorale. Cette absence fut une peine pour les sœurs de Nice, qui appréhendaient un trop long retard pour l'accomplissement de leur désir.

Les deux avignonaises tenaient à faire une visite à M. l'inspecteur d'Académie en souvenir de leurs excellents rapports ; la jeune supérieure s'offrit à les accompagner. M. l'inspecteur reconnut aussitôt la mère Ste-Eugénie et l'assistante, directrice du pensionnat d'Avignon, qu'il avait occasion de voir quelquefois.

Sans faire attention au costume de la religieuse qui les avait amenées, il dit à la révérende Mère : « Vous avez attendu l'été pour « visiter vos sœurs de Nice, il fait bien « chaud !... » Aucune ne répondit, laissant l'interlocuteur dans sa complète illusion ; celui-ci n'approfondit pas davantage.

A leur retour, les exploratrices rendirent compte au conseil de tout ce qu'elles avaient vu ou entendu. Les charges matérielles les rendaient hésitantes ; les lettres reçues par Monseigneur l'Archevêque justifiaient leur rapport ; l'affiliation fut décidée.

Mgr Sola, de retour dans sa ville épiscopale, écrivit à la révérende Mère une lettre de regrets et de désirs, dont nous donnons copie exacte :

« Évêché de Nice, 23 août 1874.

« Madame la Supérieure,

« Si quelque chose a pu adoucir mon re-
« gret de m'être trouvé absent de Nice à
« l'époque de la gracieuse visite que vous
« avez bien voulu faire à notre petite maison
« de l'Immaculée-Conception, cela a été d'ap-
« prendre que vous aviez trouvé dans les
« bonnes sœurs qui composent cette commu-
« nauté naissante des sentiments de piété
« sincère, l'esprit d'abnégation, de parfaite
« obéissance à la règle, de complète soumis-
« sion à leur supérieure et aux avis paternels
« de leur évêque, toutes qualités qui répon-
« dent à l'esprit de votre institut, et qui m'a-
« vaient déjà tellement affectionné à ces
« pieuses religieuses, que j'avais résolu de les
« protéger et d'améliorer leur position autant
« qu'il me serait possible. C'est pour ce motif,
« qu'ayant entendu parler avec éloge de l'Ins-
« titut de l'Immaculée-Conception, qui est
« un des beaux ornements spirituels de l'ar-
« chidiocèse d'Avignon, je m'étais décidé à
« faire des démarches pour associer la petite

« famille de Nice à votre puissant institut, et
« la placer sous la protection de votre excel-
« lent archevêque et sous votre sage et mater-
« nelle direction.

« Par la bienveillante communication de
« votre vénérable métropolitain, et par les
« termes pleins de déférence et de cordialité
« chrétienne de votre lettre du 6 courant, je
« crois, Madame la Supérieure, que le ciel a
« accueilli favorablement mon projet et que
« je puis considérer comme déjà accompli
« l'union que je désirais, et de laquelle mes
« protégées et leur évêque n'auront qu'à se
« féliciter.

« Votre lettre m'étant parvenue au cours
« de ma visite pastorale dans les plus hautes
« montagnes de mon diocèse, je n'ai pu y
« répondre aussitôt que je l'aurais désiré, tous
« mes moments ayant été absorbés par les
« nombreuses occupations qui accompagnent
« la visite des paroisses. Aujourd'hui, de re-
« tour à Nice, après avoir communiqué à
« mes chères filles de l'Immaculée-Concep-
« tion vos affectueuses et charitables dispo-
« sitions, j'ai hâte, Madame la Supérieure, de
« joindre à l'expression de leur profonde
« reconnaissance le témoignage de ma propre
« gratitude, que je me propose de vous réité-
« rer de vive voix, le mois prochain, à l'oc-

« casion de la visite que je me propose de
« faire à votre très digne Archevêque, pour
« conférer sur les moyens d'effectuer sans
« retard, d'une manière régulière, l'union
« désirée et déjà convenue.

« Veuillez agréer, Madame la supérieure,
« l'expression de mes sentiments bien distin-
« gués et très dévoués.

« † Jean-Pierre, *Évêque de Nice.* »

Les sœurs de Nice ayant consenti à quitter leur gracieuse tunique blanche, leur scapulaire et leur voile bleu de ciel, l'union fut définitivement réglée dans tous ses détails.

La Supérieure et deux de ses compagnes arrivèrent à Avignon le 30 août, pour la retraite générale. Elles furent les premières à revêtir le costume austère des religieuses de la Conception d'Avignon.

La quinzième année du généralat de la révérende mère Ste-Eugénie venait de s'accomplir. Monseigneur l'Archevêque la confirma de nouveau dans ses fonctions, en présence de toutes les sœurs réunies pour la retraite. Huit jours après, à l'issue de la cérémonie de clôture, la communauté se rendit en procession autour de la statue de Notre-Dame de Lourdes, récemment placée au milieu du jardin, en faisant retentir les airs de pieux cantiques en l'honneur de Marie Immaculée. Deux couplets spéciaux furent ajoutés : l'un faisant allusion au départ des sœurs pour Nice, et l'autre pour remercier Monseigneur l'Archevêque. Sa Grandeur bénit la nouvelle statue, et accorda quarante jours d'indulgence à toutes les personnes qui, à une fête de la Ste-Vierge, réciteraient pieusement devant elle un *Ave Maria*.

III

Départ

Le 29 septembre 1874, trente-unième anniversaire de l'arrivée de nos sœurs dans Avignon, quelques sujets de la maison-mère partirent avec ceux de Nice, pour opérer une pleine réforme dans la communauté affiliée. On emporta des costumes pour les sœurs qui n'étaient pas venues à la retraite et toutes les pièces requises pour l'ouverture du pensionnat et la nomination des maîtresses pour les écoles primaires.

Monsieur l'inspecteur reçut et visa tous ces papiers, sans soupçonner le changement d'ordre.

La mère Marie-Joséphine, économe générale, accompagna le pieux essaim dans la nouvelle ruche, au pays des fleurs. Aussitôt arrivées, elle combina, avec le R. P. Vincent, la jonction des vieux bâtiments, qui furent reliés entre eux par une classe et un dortoir, devenus absolument nécessaires.

Après cette réparation, qui dura environ deux mois, la mère économe revint à la maison-mère, laissant les bonnes sœurs satisfaites de part et d'autre de leur union, et toutes disposées à faire tout le bien possible auprès de la jeunesse qui allait leur être confiée.

Bientôt après, Mgr Sola accomplit la visite promise à Monseigneur l'Archevêque d'Avignon. Le bon et sympathique évêque exprima en termes émus la joie qu'il avait ressentie, en voyant ses chères filles de Nice appuyées désormais sur un corps religieux offrant toutes les garanties désirables de bonheur et de sécurité.

Un mois entier passé dans la maison-mère avait merveilleusement servi aux trois sœurs venues de Nice, pour les habituer à la règle et aux usages de leur famille d'adoption. Celles qui n'avaient pas eu cet avantage trouvèrent le changement d'habitude un peu difficile. De là, sinon des regrets, au moins un certain malaise, lequel, dominé par l'esprit religieux, se dissipait à mesure que la pratique du nouveau règlement devenait plus familière. La fusion devint complète : chacune passait heureusement sa vie dans l'amour de Dieu, la prière et le dévouement aux âmes des enfants que la Providence confiait à leur zèle.

IV

ÉPREUVE, SŒUR JEANNE FRANÇOISE

Une épreuve aussi grande qu'inattendue vint troubler cette paix. Parmi les sujets envoyés d'Avignon, était une jeune sœur d'une piété angélique, douée d'un naturel excessivement bon et agréable.

Le jour de sa prise de voile, l'aimable jeune fille avait reçu le nom de sœur Jeanne-Françoise, en souvenir de sa descendance, sa bisaïeule étant une Frémiot de Chantal. Admise à la sainte profession le 21 septembre 1874, la pieuse novice prononça ses vœux avec une ferveur peu commune et s'offrit à la révérende Mère, pour aller dans tel poste qu'elle voudrait, disant qu'elle ne craignait « ni l'éloignement, ni la mort. » Parlait-elle par un esprit prophétique, cette petite sainte ?..
Au bout de six mois, le beau jour de Pâques, accompagnant sa supérieure à Notre-Dame

de Nice, elle entendit avec enthousiasme le sermon prêché par un célèbre orateur. Son cœur s'échauffa, sa piété s'exalta outre mesure ; en rentrant à la communauté, elle se plaignit d'un fort mal de tête, et malgré les soins, les médecins et les remèdes, la cruelle maladie alla toujours progressant durant quarante jours. Le 6 mai 1875, jour de l'Ascension de Notre-Seigneur, cette âme innocente s'en allait joyeusement au ciel, à l'âge de vingt-deux ans.

De même que, dans les temps de persécutions, le sang des martyrs était une semence féconde pour l'Église de Jésus-Christ, le sacrifice d'une victime si pure a été pour la communauté de Nice un germe de prospérité.

V

Établissement des sœurs a Paris

La fondation de la maison de Paris suivit de près celle de Nice.

Un jeune prêtre du diocèse de Nîmes, qui connaissaient des sœurs dans les deux communautés des Bénédictines de l'Immaculée-Conception, fit une visite à la supérieure de Nice ; il manifesta son étonnement de la voir sous un nouveau costume. Celle-ci ne lui cacha rien. Le bon prêtre, connaissant sa position antérieure, l'en félicita. Les affaires ayant appelé cet ecclésiastique dans la capitale, il se rendit à la rue de Reuilly et raconta à la petite communauté ce qui s'était fait à l'égard de leurs sœurs de Nice, et combien elles en étaient satisfaites. Il engagea la supérieure, vu leur situation précaire, à demander à son Éminence le cardinal Guibert la permission de s'attacher, elles aussi, à l'Institut de l'Immaculée-Conception d'Avignon, se ralliant d'un même coup à leurs sœurs de Nice, avec lesquelles tous rapports avaient cessé.

La supérieure, charmée d'une aussi bonne nouvelle, se hâta de la communiquer à M. Le Hardy du Marais, vicaire général et supérieur, exprimant son désir et celui de ses filles de suivre l'exemple de la communauté de Nice. Or, afin que celle-ci ne se présentât pas comme une inconnue à la supérieure générale d'Avignon, M. le grand vicaire lui donna l'autorisation de suivre son projet ; voici en quels termes :

« Paris, 22 octobre 1875.

« Je soussigné, supérieur des Bénédictines
« de l'Immaculée-Conception, 80, rue de
« Reuilly, à Paris, au nom de son Éminence

« le Cardinal Archevêque, autorise Madame
« la supérieure, dite en religion Marie de
» Saint Antoine, à faire les démarches néces-
« saires pour s'affilier aux religieuses de l'Im-
« maculée-Conception d'Avignon.

« Signé : Le Hardy du Marais,
« *Vicaire général.* »

La mère Marie de St Antoine fit directement sa demande à la révérende Mère générale, en lui adressant cette pièce. Il s'en suivit un échange de lettres, qui déterminèrent une exploration analogue à celle de Nice. La mère Ste-Eugénie se transporta à Paris avec sa première assistante. Elles furent reçues avec beaucoup de cordialité par les sœurs de Reuilly, au nombre de cinq seulement.

L'entrevue qu'elles eurent avec M. Le Hardy du Marais les encouragea autrement que la vue du local qui leur était offert. Les sollicitations si pressantes, si agréablement exprimées, touchèrent les visiteuses, qui prirent congé de lui en laissant un peu d'espérance. Elles quittèrent Paris le 19 novembre. Voici la lettre que M. le vicaire général écrivit à la mère St Antoine, le jour même de leur départ :

« Paris, 16 novembre 1875.

« Ma très chère fille en J.-C.,

« Ne pouvant aller vous voir d'ici à quel-
« ques jours, je tiens à vous dire que j'ai lieu
« d'espérer que les bonnes sœurs d'Avignon
« pourront, avec vous, continuer votre chère
« œuvre. Prions donc de tout cœur et atten-
« dons avec confiance que Dieu manifeste
« entièrement sa volonté. Je vous bénis toutes
« avec tout mon cœur et me recommande à
« vos pieuses prières.

« Le Hardy du Marais. »

Monseigneur l'Archevêque et M. Clément, supérieur, approuvèrent la délibération du conseil, acceptant la communauté de Paris, malgré ses charges matérielles. M. Clément pria M. Le Hardy du Marais de vouloir bien adresser lui-même une demande régulière à Monseigneur l'Archevêque d'Avignon. Le digne supérieur de la petite communauté de Reuilly avait tant à cœur la solution d'une affaire toute à la gloire de Dieu, qu'il se hâta d'écrire à sa Grandeur Mgr Dubreil, et en reçut, le 12 décembre, la réponse qui suit :

« Monsieur le Vicaire général,

« Vous me demandez, au nom de son
« Éminence, d'autoriser nos sœurs de l'Im-
« maculée-Conception à se charger de l'im-
« meuble situé rue de Reuilly, 80, et à rece-
« voir dans leur communauté les sœurs qui
« l'occupent, à la condition de continuer leur
« œuvre, c'est-à-dire leurs écoles. Je le fais
« bien volontiers, heureux de pouvoir accé-
« der au vœu de son Éminence, ainsi qu'au
« vôtre, en vous donnant des religieuses ani-
« mées d'un excellent esprit. Je les crois
« capables de faire du bien ; toujours, je leur
« sais le désir d'en faire beaucoup. Je les
« recommande à votre bienveillance et je
« prie son Éminence, aux pieds de qui je les
« mets, de vouloir bien les protéger.

« Veuillez recevoir, M. le Vicaire général,
« l'assurance de mes meilleurs et plus dévoués
« sentiments.

« Louis-Anne Dubreil,
« *Archevêque d'Avignon.* »

Touché de la diligence avec laquelle Monseigneur l'Archevêque avait donné son adhésion, M. Le Hardy du Marais s'empressa de l'en remercier en ces termes :

« Paris, 18 décembre 1875.

« Très vénéré Monseigneur,

« Permettez-moi de remercier votre Gran-
« deur du bon accueil fait à notre demande
« pour vos religieuses de l'Immaculée-Con-
« ception. Son Éminence est très heureuse
« de les recevoir dans son diocèse et elle ne
« négligera rien pour leur assurer aide et
« protection. De mon côté, je suis tout à leur
« disposition, pour qu'à leur arrivée elles
« puissent s'installer selon leur désir, et
« organiser leur œuvre aussi complètement
« qu'il sera possible.

« De grâce, très vénéré Monseigneur, veuil-
« lez agréer avec toute notre reconnaissance
« l'hommage, etc. »

M. le grand vicaire Clément, qui portait un vif intérêt à la congrégation, la voyait avec plaisir s'étendre pour la gloire de Dieu, car, disait-il, nos sœurs feront beaucoup de bien dans ce quartier populeux; en face d'une école protestante. Or, bien que la situation lui parût plus difficile encore que celle de la maison de Nice, le départ des sœurs fut définitivement arrêté.

Le 17 janvier 1876, cinq d'entre elles arrivèrent à Paris, sous la conduite de la Mère générale. Elles furent reçues par leurs sœurs d'adoption comme des libératrices.

Une des premières conditions posées par M. Clément avait été que la supérieure de Paris entrerait à la maison mère au bout d'un mois, pour laisser toute liberté d'action à la religieuse que la révérende Mère générale désignerait pour la remplacer.

La pieuse mère Marie de St-Antoine y souscrivit volontiers ; le gouvernement d'une maison devenue plus importante lui paraissait bien lourd pour sa frêle santé et trop au-dessus de sa modestie. En parfaite religieuse, elle se mit gracieusement à la disposition des supérieurs, pour faire d'elle ce qu'ils jugeraient à propos, demeurant sans volonté et sans choix, suivant l'exemple du divin Modèle, proposé aux âmes qui se vouent à la sainte obéissance. Cette soumission, dans la supérieure, donna à la Mère générale une excellente idée du bon esprit de la petite communauté. Cependant, dans sa sagesse, M. Le Hardy du Marais engagea la révérende mère Ste-Eugénie à se défaire de deux sujets nouvellement reçus, qui, n'inspirant que peu de confiance, auraient pu devenir nuisibles à la parfaite union.

L'établissement était, sinon à créer, au

moins à refaire, ce qui donna beaucoup de sollicitudes à la révérende Mère, qui put s'en rendre compte durant son séjour d'un mois. Notre-Seigneur lui donna un grand courage dans cette circonstance.

VI

Mort de M. le chanoine Naudo

A peine huit jours s'étaient écoulés depuis leur arrivée, qu'une lettre d'Avignon leur annonçait que M. le chanoine Naudo était frappé d'une attaque. Le souvenir de la mort prompte de son frère, Monseigneur l'Archevêque, fit craindre à la révérende Mère générale de ne plus le revoir. Dans un élan spontané, elle dit à ses filles : « Je pars. » M. Le Hardy du Marais, consulté là-dessus, lui conseilla de prouver d'une toute autre manière, au vénéré chanoine, son filial attachement et sa reconnaissance, l'assurant que cette visite ne changerait rien à la situation. On était encore à délibérer, lorsqu'une seconde missive apportait la triste nouvelle que le cher malade avait fini son exil.

On ne peut dire jusqu'à quel point la Mère et les filles furent affligées de ce douloureux événement : elles ne pouvaient se figurer d'être privées à jamais des conseils d'un père dont le dévouement avait été sans bornes. L'unique adoucissement à leur douleur était la prière, mêlée au souvenir du bien qu'il leur avait fait durant trente-trois années consécutives.

C'est que M. Naudo oubliait tout lorsque la gloire de Dieu le demandait : les rigueurs de l'hiver, les grandes chaleurs, les pluies torrentielles ne l'arrêtaient pas, quand il s'agissait de remplir les fonctions du saint ministère, soit à la métropole, soit au couvent où il célébrait ordinairement la sainte messe. Aussi, la mort qu'il semblait tant appréhender, lui parut douce au moment suprême, parce que sa grande âme était préparée aux derniers combats. C'était bien le fidèle serviteur que le Maître trouve veillant.

Trois jours de maladie suffisent pour l'enlever de ce monde. Il connut son état ; aussi ne négligea-t-il rien de ce qui pouvait l'aider à bien mourir. Le 26 janvier, sur le soir, il fit appeler M. l'abbé Mathieu, et lui confia verbalement ses dispositions particulières. Le charitable chanoine avait fait par testament des libéralités à plusieurs œuvres pies et établissements religieux, quoique durant sa vie il eût répandu beaucoup d'aumônes. Nous

l'avons entendu dire agréablement ; « Voyez-
« vous, il faut faire passer une lampe devant
« soi et une après soi, pour être reconnu du
« Père Éternel et bien accueilli par saint
Pierre. » Il n'est pas douteux que son saint
patron n'ait été heureux de l'introduire au Paradis. Son âme profondément sacerdotale
s'envola vers Dieu le 27 janvier 1876, à
7 heures du matin, à l'âge de 72 ans.

VII

M. Le Hardy est nommé évêque de Laval
Reconstruction de la maison de Paris

Après être revenue de ses pénibles émotions, la révérende Mère continua son œuvre
difficile ; elle examina toute chose en détail
et jugea que la communauté ne pouvait habiter un local exigu, dégradé et peu solide. Il
fallait construire ; l'état de la caisse ne le
permettait pas, elle contenait à peine un
sixième de ce qui était dû. Toutefois, M. Le
Hardy du Marais, l'homme au grand cœur,
trouva le moyen d'aplanir une partie des difficultés.

Encouragée par les promesses de ce digne
supérieur, la révérende Mère dit adieu à ses

chères filles, leur donna ses derniers conseils et partit pour Avignon avec la mère Marie de St Antoine. Bien des larmes accompagnèrent ce départ, que la mort de M. le chanoine Naudo rendait encore plus triste.

De retour à la maison mère, elle assembla son conseil et lui exposa les besoins de la commuauté de Paris. Quelques membres hésitaient à entreprendre de nouvelles constructions, n'étant pas encore libérées des dépenses faites récemment à Nice ; néanmoins, l'expérience du passé provoqua une délibération favorable.

Il fut décidé que la mère économe irait à Paris au mois d'avril, pour opérer la démolition de la vieille maison et faire l'indispensable.

M. Le Hardy du Marais fit dresser le plan par l'architecte de son choix ; ce plan fut approuvé avec quelques modifications. On n'attendait que les grands jours pour exécuter les travaux, lorsqu'un événement imprévu par les sœurs vint les attrister : M. Le Hardy du Marais, ce dévoué père et supérieur, était nommé évêque de Laval. C'est dire la peine et l'embarras des religieuses de Reuilly ; elles avaient apprécié la valeur de sa protection. Trouveraient-elles dans un nouveau supérieur un conseiller, un père, un ami aussi dévoué, aussi désintéressé, aussi attentif aux besoins des chères sœurs, jetées au milieu de ce grand Paris ?... Son Éminence les protègera, sans doute, la promesse en a été faite à Mgr Dubreil ; mais seraient-elles assez présomptueuses pour croire attirer l'attention particulière du cardinal ? Et bien que son Éminence eût fait un parfait accueil à leur Mère générale, oseraient-elles l'importuner de leurs visites fréquentes et nécessaires dans les commencements ?

L'évêque élu de Laval sentait l'embarras de ses protégées ; il comprenait que les religieuses du couvent d'Avignon seraient plus à leur aise sous la direction d'un supérieur originaire du Midi. Il demanda pour elles, à son Éminence, M. l'abbé Méritan, curé de Saint-Sulpice, et natif du diocèse d'Avignon.

Mgr Le Hardy du Marais annonça cette nomination à la révérende mère Ste-Eugénie par une lettre datée du 5 septembre, dont voici un extrait :

« Dans mon nouveau poste, je penserai
« souvent aux bonnes sœurs de l'Immaculée-
« Conception, et je demanderai à Notre-Sei-
« gneur qu'Il répande sur elles ses meilleures
« bénédictions. Le bon curé de Saint-Sulpice,
« M. Méritan, sera le père de la maison de

« Reuilly. Je ne puis laisser en meilleures
« mains celles que je regarde comme mes
« filles de prédilection. Permettez-moi de me
« recommander à vos saintes prières, ma
« vénérée Mère et fille en J.-C., et à celles
« de toute votre bonne et pieuse congrégation ;
« et le 24 septembre (1), en bénissant les filles,
« je me souviendrai de leur bonne Mère et
« de toute sa famille spirituelle. »

La douleur de perdre un si précieux soutien fut adoucie par le choix que venait de faire son Éminence, pour lui succéder dans cette œuvre toute de dévouement.

Le digne curé de Saint-Sulpice voulut bien se mettre aussitôt à la disposition des religieuses, pour tout ce qui touchait à ses fonctions de supérieur. Encouragé et aidé dans l'exercice de son zèle par le vénérable M. Icard, grand vicaire de Monseigneur Guibert, et général de la société des prêtres de Saint-Sulpice, le nouveau supérieur dépensa, sans compter, ses soins et ses fatigues pour le modeste établissement de la rue de Reuilly. Il n'a cessé depuis lors de le protéger.

Trop éloigné du couvent pour en prendre la direction spirituelle, M. le curé se reposa de ce soin sur les RR. PP. des Sacrés-Cœurs

(1) Jour du sacre.

de Jésus et de Marie, de la rue Picpus. Ces excellents religieux se dévouent depuis lors aux progrès des âmes de la communauté, qu'ils aiment à cause de son bon esprit et de sa simplicité.

Avant de prendre possession de son siège épiscopal, Mgr l'évêque de Laval avait fait aux sœurs ses adieux en termes émus, et témoigné sa satisfaction de ce que les travaux du nouveau bâtiment pourraient être terminés vers la fin octobre.

Le nombre des élèves s'accrut bientôt de telle sorte, qu'au mois d'avril 1877 il fallut envoyer de nouveaux sujets de la maison mère.

VIII

Nice, fâcheux accidents

Laissons les sœurs de Paris élever leur nouvelle maison sur les ruines de l'ancienne, et suivons à Nice la révérende mère Ste-Eugénie : elle allait demander pour l'école communale de la basse ville un local plus vaste et plus salubre. C'était au mois de juillet 1876 : au cours de cette visite, un accident fâcheux vint troubler la communauté de St Maurice. L'immeuble n'était point clos : une haie vive et fort basse le séparait du chemin, au couchant. Le levant était en contre-bas de plusieurs mètres au-dessous de la propriété voisine ; or, voici qu'un jour, l'attelage d'un paysan tomba dans le jardin sur un massif d'orangers. Cet homme, marchant à l'autre bord du chemin, ne tomba pas, mais sa mule eut beaucoup de mal, et sa charrette fut bien avariée : ses cris de détresse mirent tout le couvent en émoi. La supérieure songea dès lors à économiser pour faire construire des murs de clôture, afin de prévenir de nouveaux accidents. La révérende Mère générale approuva ce projet de grand cœur. L'année suivante (1877), elle apprenait avec plaisir qu'aux grandes vacances on serait en mesure de faire élever des murs tout autour du terrain : vaine espérance ! Le matin du 17 mai, après la messe, qu'un père capucin venait de célébrer dans la chapelle, une sœur fait remarquer à la supérieure locale, que la porte de son cabinet de travail était grande ouverte. « Comment cela ? répondit-elle, j'ai fermé et voici la clef ; je l'avais mise dans ma poche avant de descendre. » Ce disant, elle monte, et s'assure que meubles et tiroirs avaient été ouverts sans fracture, à l'aide de fausses clefs. Un malfaiteur s'était introduit secrètement et avait emporté l'argent destiné aux murs de clôture et aux dépenses courantes (1), plus deux montres.

La sœur portière n'avait ouvert à personne, on n'avait entendu ni la sonnette, ni le chien. Ces remarques firent soupçonner un ouvrier, qui quelques jours auparavant était venu réparer le bureau de la supérieure. Evidemment ce devait être un habitué de la maison, car un étranger ne serait pas tombé si juste. La supérieure désolée se hâta de faire prévenir Mgr Sola avant de saisir la police de ce larcin. Le bon évêque, ne voulant pas faire de bruit, eut la bonté de se transporter au couvent, où il fit appeler un à un les trois ouvriers, maçon, serrurier et menuisier, qui travaillaient le plus souvent dans la maison. Il leur témoigna de la confiance, espérant obtenir de l'un d'eux quelque indication pour découvrir la trace du voleur. Sur trois, deux protestèrent avec calme et avec respect, tandis que le troisième se défendit d'une manière si audacieuse que l'évêque, malgré sa grande charité, jugea que ce pourrait bien être là le coupable ; mais n'ayant pas de preuves, on n'osa le poursuivre directement. Cependant la justice fut informée du fait ; elle fit une descente, sans résultat, dans le couvent et chez les voisins. Quelques jours après,

(1) Une somme de 4520 francs.

l'individu soupçonné, qui passait pour être très mal dans ses affaires, payait au fournisseur des matières nécessaires à son industrie un compte arriéré de près de 4000 francs ; mais, encore une fois, les preuves manquant, on ne put le traduire en justice ; du reste Monseigneur l'évêque et les religieuses avaient de la répugnance à déshonorer une famille.

La divine Providence sut dédommager la communauté, car dès l'année 1878 les murs de clôture s'élevaient haut et bien conditionnés. Quelques années plus tard, le malheureux sur qui pesaient les soupçons termina sa vie par le suicide.

IX

Transfert de l'école communale
Démission de Mgr Sola. Mgr Balaïn lui succède

La révérende mère Ste-Eugénie ayant obtenu un local plus vaste pour l'école primaire, celle-ci fut transférée de la rue de la Croix à la rue St-Augustin. Ce déplacement favorable attira beaucoup d'élèves, de là une absolue nécessité d'augmenter le nombre des adjointes : elles furent accordées et convenablement rétribuées sur les fonds de la caisse municipale.

Comme conséquence d'un personnel plus important : huit religieuses, deux cents élèves réparties en six classes, et vu son éloignement du pensionnat, cette maison acquit une existence particulière.

Les sœurs opéraient un grand bien moral parmi ces enfants du peuple, sans négliger l'étude : dans les premières divisions, les résultats des examens répondaient à la peine que se donnaient les maîtresses.

Le pieux évêque de Nice, Mgr Sola, et le révérend P. Vincent, supérieur, étaient pleins de gratitude envers la divine Providence, qui avait bien voulu leur fournir, dans les sœurs d'Avignon, des instruments précieux pour leur œuvre de choix.

Le zélé prélat suivait les progrès des élèves, tant dans les écoles gratuites qu'au pensionnat ; et, selon les circonstances, il envoyait des enfants dans les deux catégories.

Sa Grandeur visitait de temps à autre la maison de St-Maurice. C'était vers la fin de chaque trimestre, époque où elle se retirait pour plusieurs jours au couvent des RR. PP. Capucins de St-Barthélemy. Le modeste prélat demandait aux Pères une pauvre cellule pour lui et son valet de chambre. Il va sans dire que les bons religieux donnaient à leur vertueux évêque une gracieuse hospitalité, n'ignorant pas qu'un des motifs de sa retraite était la gêne où le mettait la sainte habitude de donner tout aux pauvres ; et en effet, l'inépuisable charité de Mgr Sola revêtait toutes les formes : veuves, orphelins, familles ruinées, ouvriers malades, mendiants, pauvres honteux, tous avaient une place de prédilection dans ce vaste cœur, qu'animait l'amour de l'humanité souffrante, en tant qu'elle a été sanctifiée et divinisée par l'ineffable mystère d'un Dieu fait homme.

La supérieure du pensionnat lui confiait ses peines comme à un véritable père, et recevait de sa bonté conseils, encouragements et consolations. Or, un jour d'automne, sa visite fut empreinte de tristesse ; le bon évêque fit part d'un certain pressentiment : presque nonagénaire, ne pouvant compter sur un coadjuteur, il entrevoyait la probabilité d'être mis à la retraite. Il dit en termes émus : « Ne « vous inquiétez pas, mes enfants, je vous ai « appelées, je ne vous laisserai pas tant que « Dieu me donnera un peu de vie. » Cependant sa démission prévue et peut-être prochaine ne lui paraissait pas exclusivement le résultat de ses années ; le bon évêque était encore vert. Il disait agréablement à ses familiers : « On me trouve trop piémontais ; afin d'atta- « cher plus solidement Nice à la France, on

« veut franciser le clergé, à cause de son in-
« fluence ; c'est assez bien pensé. »

Ce qui n'était que pressentiment devint une réalité ; Monseigneur dut donner sa démission après quelques semaines.

Le R. P. Mathieu-Victor Balaïn, religieux oblat de Marie-Immaculée, de la congrégation de Marseille, fut appelé par la divine Providence à remplacer Mgr Sola, sur le siège épiscopal de saint Bessus. Sa Sainteté Pie IX le préconisa le 28 décembre 1877.

Le vénérable évêque démissionnaire se retira dans une villa de Nice, qu'une dame pieuse et riche voulut bien mettre à sa disposition. Là il continua ses bonnes œuvres dans la mesure de ses ressources, durant les quatre années qu'il vécut encore. La mort du pieux prélat fut sainte comme l'avait été sa vie ; elle arriva le 31 décembre 1881.

La ville reconnaissante se chargea de faire à son ancien évêque de splendides obsèques ; et afin de conserver la mémoire du vénéré prélat et de la faire passer aux générations futures, elle fit placer dans sa cathédrale une magnifique statue en marbre blanc, d'une ressemblance parfaite, laquelle représente le charitable évêque faisant l'aumône à deux jeunes enfants.

Le voyageur chrétien ne quitte pas la ville

des fleurs, sans visiter l'antique cathédrale (1),
où il admire ce groupe artistique et religieux.

Les sœurs de la Conception doivent de la reconnaissance à l'évêque dévoué et regretté, sous les auspices duquel elles sont allées porter à l'enfance de Nice la somme de zèle et de dévouement dont elles pouvaient disposer pour la gloire de Dieu et de Marie Immaculée.

Le digne successeur de Mgr Sola voulut bien s'intéresser à la communauté de la Conception quand il la connut. Il daigna visiter d'abord l'école communale de St-Augustin ; en cela il manifestait sa préférence pour les humbles et les petits. A cause de certaines circonstances, sa première visite au pensionnat n'eut lieu que le 22 juillet, à l'occasion de la première communion et de la confirmation d'un groupe d'élèves.

La révérende mère Ste-Eugénie fit exprès le voyage d'Avignon à Nice, afin de présenter ses hommages à sa Grandeur et de recommander ses chères filles à sa bienveillance pastorale. Dès lors, le pieux évêque les protégea et favorisa de tout son pouvoir le développement de leur œuvre éducatrice aux deux points opposés de sa ville épiscopale.

(1) Sainte-Réparate.

X

Monseigneur Dubreil, sa maladie, sa mort

Vers ce même temps, la santé de Mgr Dubreil, archevêque d'Avignon, commençait à donner des inquiétudes sérieuses. Sa Grandeur ne parut point aux distributions de prix dans les maisons enseignantes, et quand arriva la retraite générale des religieuses de l'Immaculée-Conception, elle fit avertir que non seulement il lui était impossible de faire la cérémonie de clôture, mais qu'elle n'irait pas même présider l'élection de la Supérieure générale, qui devait avoir lieu le 14 septembre. En effet, muni des pouvoirs de Monseigneur l'Archevêque, M. Clément, vicaire général et supérieur, présida l'élection. Pour la quatrième fois, la révérende mère Ste-Eugénie obtint tous les suffrages, pour la consolation de ses filles, toutes heureuses de conserver leur bonne Mère.

Durant les vacances de 1879, la congrégation eut la douleur de voir supprimer six de ses établissements, dont deux seulement ont été reconstitués en écoles libres. Comme sorte de compensation, la divine Providence permit que la municipalité de Nice confiât aux sœurs de la Conception la direction d'un asile. Cet établissement est dû à la générosité d'un richissime russe, le baron de Von-Derwies ; l'école communale du quartier St-Barthélemy y fut transférée.

Le 13 janvier 1880, le diocèse d'Avignon eut la douleur de perdre son vénérable archevêque, Mgr Louis-Anne Dubreil. La communauté de la Conception prit une large part au deuil général ; elle estimait et regrettait le digne prélat, qui en diverses occasions s'était montré bon et dévoué, surtout lors de l'établissement des maisons de Nice et de Paris, qu'il avait bien voulu visiter.

MM. les vicaires généraux Sermand et Clément furent pour la deuxième fois nommés vicaires capitulaires.

XI

Monseigneur Hasley

Le siège de St Agricol ne demeura pas longtemps sans pasteur : la nomination de Mgr François-Edouard Hasley, évêque de Beauvais, vint consoler l'archidiocèse.

La révérende Mère générale adressa au nouvel élu une lettre de félicitations, dans laquelle elle promettait respect et soumission, tant de la part de ses chères filles que pour elle-même. Sa Grandeur daigna y répondre en termes bienveillants comme suit :

« Beauvais, 1ᵉʳ mars 1880.

« Madame la Supérieure générale,

« Puisque Dieu veut que je sois le pasteur
« de la pieuse et utile famille dont vous êtes
« la Mère, je veux prendre à cœur dès main-
« tenant tous vos intérêts. Ne pouvant encore
« les servir comme je le voudrais, je les re-
« commande au ciel et j'appelle sur vous
« assez de bénédictions pour vous consoler
« de la perte d'un bon père qui vous a laissées
« quelque temps orphelines.

« Priez, vous aussi, pour que je remplace
« aussi dignement que possible celui dont je
« suis appelé à recueillir le précieux héritage,
« mais aussi les redoutables obligations.

« Recevez, Madame la Supérieure géné-
« rale, l'assurance de mon sincère dévoue-
« ment.

« † ÉDOUARD, *Archevêque élu d'Avignon.* »

Avant de prendre possession de l'archi-diocèse, le pieux prélat s'arrêta à Paris et séjourna environ une semaine chez les RR. PP. des Sacrés-Cœurs de Jésus et de Marie, de la rue Picpus, où il fit une retraite. Ces excellents religieux en reçurent beaucoup d'édification. Le très Révérend Père général voulut bien parler à Sa Grandeur de la petite communauté de la rue de Reuilly, appuyant sur ces mots : « La maison mère est à Avignon. »

Le nouvel archevêque sourit, il témoigna le désir d'être accompagné chez les bonnes sœurs de la Conception. Le Révérend Père général eut la bonté d'informer la supérieure locale (1) de cette visite, aussi honorable qu'inattendue. Celle-ci fit préparer à la hâte une modeste réception.

Monseigneur voulut bien célébrer la sainte messe dans la petite chapelle. Il donna quelques salutaires avis aux religieuses et encouragea maîtresses et élèves à s'unir dans la prière afin de rendre fructueux son épiscopat ; ensuite il caressa ces petites filles parisiennes si intéressantes et si gracieuses et leur distribua, avec un air de douce paternité, les gâteaux qu'on venait de lui servir ; puis il bénit tout le personnel groupé autour de son auguste personne.

Flattées et confuses de tant de condescendance, les sœurs firent part de leur agréable surprise à la révérende mère Ste-Eugénie,

(1) Mère Marie-Joséphine.

qui vit dans cette bienveillante visite un commencement d'excellents rapports entre le pasteur et les ouailles.

Mgr Hasley fit son entrée solennelle dans sa ville métropolitaine le 27 avril 1880. Il s'attira bientôt l'estime et la confiance. Ses traits ascétiques commandaient la crainte et le respect ; cependant lorsqu'on l'approchait, les épanchements d'une affectueuse bonté pour son peuple détruisaient ce premier sentiment. Et en effet on l'aimait. Quel abord facile, quelle bonté en toute rencontre, quel zèle pour les âmes ! Malgré sa très délicate santé, le saint archevêque visita en deux ans tout son diocèse, jusqu'aux plus petites paroisses. Rien n'échappait à sa vigilance pastorale. Il était doué d'une facilité étonnante pour connaître et apprécier les choses à leur juste valeur. Très minutieux, il s'occupait de tous les petits détails, pourvoyait à tout avec une précision de vue incomparable. Sa Grandeur avait bien voulu conserver à la communauté de la Conception son digne supérieur, M. Clément, sur un simple désir exprimé de la révérende Mère générale.

XII

Nice, projet de construction

Un danger imminent menaçait la communauté de St-Maurice à Nice : l'ancienne construction se composait de deux étages, dont l'ensemble décrivait une pente visible au premier aspect. L'architecte, appelé pour examiner ce qui pouvait en résulter, jugea qu'un effondrement était près de se produire et que, s'il était père de famille ayant une enfant dans cette maison, il ne balancerait pas à l'en retirer. Il donna connaissance de cette situation à la révérende Mère générale, l'engageant à faire démolir au plus tôt la partie qui menaçait ruine, et à bâtir à côté, afin d'éviter une affreuse catastrophe. Le consciencieux architecte assura que, lors même que l'on étayerait soigneusement les murs en pente, il se dégageait de toute responsabilité vis-à-vis de la supérieure et les parents des pensionnaires.

De son côté, l'inspecteur primaire s'était aperçu du danger en allant visiter les classes, et menaça de fermer le pensionnat si on ne se décidait à faire une nouvelle construction. La bonne supérieure locale était fort inquiète. Ses pressantes lettres à la maison mère, où elle exprimait ses justes craintes, n'étaient pas comprises de la majorité des conseillères, qui ne connaissaient pas assez la position pour donner un avis favorable.

Après mûre délibération, l'assistante qui avait accompagné la supérieure générale à Nice et à Paris fut envoyée à la maison de St-Maurice, à l'effet de conclure pour ou contre, lorsqu'elle aurait tout minutieusement examiné.

XIII

Laïcisation de l'école Saint-Augustin
Ouverture d'une école libre

C'était pendant les vacances de 1882 ; les sœurs des trois maisons allaient commencer la retraite annuelle. En présence d'une nécessité bien constatée et pressante, la déléguée aurait bien voulu hâter les choses. L'absence de l'architecte, en voyage dans l'étranger, la força d'attendre.

Les religieuses poursuivaient pieusement l'œuvre de leur sanctification dans les exercices d'une profonde retraite, sans soupçonner ce qui devait troubler la joie de la clôture, jour heureux et plein de grâces, tant aimé des religieuses ferventes : le 8 septembre, en rentrant après le dernier exercice, la directrice de l'école Saint-Augustin, reçut par un agent de police l'arrêté préfectoral substituant les maîtresses laïques aux sœurs de la Conception. Il fallait, selon les ordres du premier fonctionnaire du département, céder la place avant le premier octobre.

Une des sœurs adjointes, atteinte d'une fièvre milliaire, compliquée d'une fluxion de poitrine, n'avait pu se rendre pour la retraite avec ses compagnes : deux restèrent pour la soigner. Un sergent de ville étant venu quelques jours après rappeler l'ordre préfectoral, trouva les sœurs en train de tout arranger pour le déménagement. On demanda grâce pour cette pauvre malade, à qui il avait fallu administrer les derniers sacrements. Cette demande charitable ne put aboutir. Cependant Dieu avait voulu rendre un peu de vie à la mourante, juste assez pour quitter la maison.

Le jour du départ définitif des religieuses, deux agents de police regardaient d'un œil froid et indifférent la pauvre malade descendue à bras dans un fauteuil par des voisins dévoués. Placée dans la voiture qui l'attendait devant l'église St-Augustin, cette pauvre sœur, comme jetée à la rue par ces hommes sans compassion, fut conduite à St-Maurice par la supérieure de l'asile. Là, au grand air, la malade reprit un peu de forces ; et quoique son état fût réputé incurable, le médecin ordonna un changement d'air.

Pendant que ces choses attristantes se passaient à St-Augustin, l'architecte impatiemment attendu arrivait à Nice. L'assistante venue d'Avignon ne tarda pas à élaborer le plan prévu d'avance et à faire dresser le devis du bâtiment projeté. Une fois ces pièces à sa disposition, elle les apporta à la maison mère, profitant de ce voyage pour accompagner au couvent de Piolenc la chère malade, laquelle, malgré les soins les plus dévoués, y mourut au bout de deux semaines.

Élaborer un plan et dresser un devis pour un établissement scolaire n'est pas l'affaire d'un jour. Or, pendant que l'architecte s'en occupait, les sœurs songeaient au moyen d'ouvrir quelque part une école libre. Elles s'adressèrent d'abord à Monseigneur l'évêque. Sa Grandeur, étant sous le poids d'une grande affliction, se contenta de répondre à la supérieure locale : « Je vous permets de faire tout
« ce qu'il vous sera possible pour réussir, mais
« actuellement, je ne puis rien pour cela. »

Le T. R. P. Vincent s'adressa à plusieurs

personnes remarquables par leur piété, et sur sa proposition, trois avocats, excellents catholiques, voulurent bien prendre la chose à cœur ; ils formèrent un comité à la tête duquel se plaça Mgr Joseph Fabre, vicaire général ; ils louèrent un local convenable, promirent d'en payer le loyer et de faire le traitement de trois religieuses.

L'un d'eux voulut bien introduire la nouvelle directrice et sa compagne chez les divers fonctionnaires, afin de remplir les formalités requises pour assurer l'existence légale de la nouvelle école. Un grand nombre d'amis des religieuses attendaient impatiemment le résultat de ces démarches, lesquelles donnèrent pleine satisfaction aux intéressés. Une partie considérable des élèves de St-Augustin suivirent les sœurs dans leur nouveau local, quoique celui-ci fût dans un quartier opposé.

Le 6 novembre, jour de l'ouverture, l'école réunit quatre-vingt-quatre élèves, dont un certain nombre offrirent une rétribution scolaire ; plusieurs préféraient l'instruction religieuse aux avantages de la gratuité. Insensiblement l'école, composée de cinq classes, devint toute payante ; dès lors, les messieurs du comité n'eurent plus à s'occuper de la question matérielle, sans toutefois perdre de vue l'action morale.

XIV

Construction du pensionnat de Nice

Le plan et le devis dont il vient d'être parlé furent approuvés par M. le supérieur et les conseillères ; ils autorisèrent l'assistante à retourner à Nice pour faire commencer les travaux. Le T. R. P. Vincent fit la bénédiction de la première pierre le 21 novembre 1882.

On creusait les fondements sur le terrain non occupé par la vieille maison, que l'on eut hâte de démolir en partie. On avait enlevé la toiture lorsque la pluie, la neige et la gelée vinrent contrarier la communauté, qui ne savait comment se garantir, elle et les meubles. Nul ne peut dire dans quelle gêne religieuses et pensionnaires vécurent durant les quelques mois d'hiver. Dans cette circonstance difficile, la Providence se montra bonne mère, comme toujours : un riche Monsieur du voisinage eut pitié de leur détresse et mit à leur disposition un appartement tout meublé, où s'abritèrent dix sœurs pendant la durée des travaux. Les religieuses de l'école communale et de l'asile Von Derwies hébergeaient les pensionnaires ; celles-ci s'amusaient beaucoup de la promenade forcée qu'elles faisaient soir et matin. La satisfaction d'avoir autour d'elle de vrais amis aidait la supérieure locale à supporter les désagréments de la situation. Toutes les sœurs remerciaient la Vierge Immaculée, qui les protégeait d'une manière si évidente.

Malgré le mauvais hiver et les faillites successives du maître-maçon et du charpentier, qui obligèrent à interrompre les travaux, la maison de St-Maurice fut couverte sans accident au mois de mai 1883. On commença à s'y installer dans le mois d'octobre de la même année. Cependant elle était loin d'être complètement achevée ; les ouvriers y travaillaient encore au mois de mars 1884. La révérende mère Ste-Eugénie s'y rendit la veille de St-Joseph, époque déterminée par Mgr l'évêque pour en faire la bénédiction. Le lendemain, le pieux prélat voulut bien faire la cérémonie, à laquelle assistèrent trente religieuses et les élèves. Sa Grandeur était entourée de prêtres vénérables, tels que le R. P. Vincent, provincial des récollets et supérieur, le R. P. Gaëtan, capucin et curé de la paroisse St-Barthélemy, M. l'abbé Bernard, prêtre de Saint-Sulpice, directeur du grand Séminaire d'Angers, M. l'abbé Constant, docteur en théologie et rédacteur de la *Semaine religieuse* de Nice, et Dom Passeron, ancien doctrinaire, chapelain du couvent.

XV

Troisième confirmation de la mère Ste-Eugénie dans la charge de supérieure générale, Dépérissement de sa santé.

La révérende mère Ste-Eugénie trouvait très pénible l'accès de l'appartement qu'on avait aménagé pour elle au deuxième étage. Cette simple remarque fit comprendre aux religieuses que leur bien-aimée Mère était souffrante. Du reste, l'altération de ses traits ne laissait pas de doutes. L'absence de son aide habituelle lui avait occasionné un surcroît de travail, durant près de deux années ; ce dernier voyage augmenta sa fatigue ; et bien qu'on n'eût pas encore mis la dernière main au nouveau bâtiment, elle rappela son assistante dès le mois de mai.

Jusque-là l'excellente supérieure n'avait pas su exiger, s'oubliant pour le bien général de la congrégation. Cependant le dépérissement de ses forces physiques l'avertissait chaque jour de prendre de plus sérieux moyens pour dominer le mal, encore incompris, qui devait, un an après, la ravir à sa famille spirituelle.

Les sœurs du conseil général, affligées de l'état maladif et désespéré de leur vénérée Mère à l'expiration de son cinquième généralat, persuadées de son impuissance à remplir convenablement ses difficiles fonctions, et mues par une filiale délicatesse, demandèrent à Mgr Hasley de vouloir bien la confirmer dans sa charge, plutôt que de la soumettre à une nouvelle élection en règle, ce qui aurait fort embarrassé les sœurs vocales. La bonne Mère comprit et accepta tristement et par obéissance d'être maintenue à la tête de sa chère congrégation, qu'elle avait vu grandir et se développer, contre son attente, au delà du diocèse d'Avignon.

DIXIÈME PARTIE

I

Mort de M. le chanoine Bertrand, archiprêtre d'Apt. M. l'abbé Mathieu aumônier de la maison mère lui succède. Regrets que cause son départ.

Vers la fin du mois d'août 1884, en pleine épidémie du choléra, M. le chanoine Bertrand, archiprêtre d'Apt, ancien aumônier de la maison mère, fut appelé à une vie meilleure. Un certain pressentiment que Mgr l'Archevêque pourrait bien prendre encore l'aumônier de la Conception pour gardien des précieuses reliques de Ste Anne, jeta un peu de sombre au cœur de la révérende Mère et de son assistante, lesquelles, depuis un quart de siècle, trouvaient dans M. l'abbé Mathieu mille ressources diverses pour les aider dans leur grave et difficile mission, tant auprès des élèves qu'auprès des religieuses.

L'esprit et le cœur de l'homme conçoivent

parfois des intuitions secrètes d'une affliction prochaine sans trop s'en rendre compte ; sentiment intime qui préoccupait ces deux âmes, intimement unies en Dieu et animées d'un même zèle pour le bien spirituel et temporel de la double famille qui leur était confiée.

Cette appréhension, elles se la cachaient réciproquement, dans la crainte de se causer un chagrin peut-être inutile. Et cependant ce ne fut point une vaine frayeur : M. l'abbé Mathieu, parfait aumônier s'il en fut un, était choisi par Mgr l'Archevêque pour gouverner l'importante paroisse d'Apt. Grande fut l'émotion de la communauté, surtout de la bonne mère Ste-Eugénie, à la pensée de ce changement, elle si douce, si timide, si craintive et de plus en plus souffrante.

M. le grand vicaire Clément, le digne supérieur, cherchait à la consoler, à l'encourager, en se dépensant de plus en plus pour lui alléger la tâche ; mais pouvait-on compter sur le long dévouement du vénérable vieillard presque octogénaire ?

Nous n'essayerons pas de décrire la douleur de la communauté entière, à la nouvelle officielle du départ de M. l'abbé Mathieu.

Un ministère de vingt-cinq ans, au milieu d'une communauté de religieuses et d'un pensionnat de jeunes filles, est un fait qui mérite à lui seul tous les éloges.

Son zèle ne se concentrait pas dans le couvent ; il s'occupait avec beaucoup de tact de l'œuvre de Saint François-Xavier et de l'association catholique de Saint François de Sales, dont il avait accepté la direction, après M. le chanoine Bertrand, et qu'il a laissée très florissante.

Avec le concours de la maîtresse générale du pensionnat, il avait réuni en pieuse congrégation un certain nombre d'anciennes élèves de la ville, qu'il n'avait cessé de diriger depuis leur retour dans la maison paternelle. Ces jeunes filles s'occupaient exclusivement des petites filles pauvres, qui se préparaient à la première communion, se partageant la pénible tâche d'apprendre le catéchisme à celles qui ne savaient pas lire ou qui manquaient de mémoire. A l'approche du grand jour, la parure virginale des protégées était préparée par les mains et aux frais de ces jeunes filles, appelées, pour ce motif, économes de Marie.

Les quatre paroisses de la ville participaient à cette œuvre modeste, qui cessa malencontreusement d'exister, ne pouvant pour différents motifs survivre à son fondateur. Elle comptait dix ans d'existence.

II

M. L'ABBÉ MANSIS, CURÉ DE JONCQUIÈRES, SUCCÈDE A M. L'ABBÉ MATHIEU DANS LES FONCTIONS D'AUMÔNIER.

M. l'abbé Mathieu dit adieu à la communauté le 23 octobre 1884. Les regrets qu'on lui témoigna étaient la marque des services qu'il avait rendus, dans un grand esprit de douceur et d'humilité, imitant saint François de Sales, qu'il appelait son saint de prédilection. Mgr l'Archevêque ne crut mieux faire que de lui donner pour successeur M. l'abbé Mansis, ancien aumônier de la maison de Carpentras ; ce choix plut aux religieuses qui l'avaient connu là, au début de son ministère. Il les avait grandement édifiées par sa piété ardente. La Mère supérieure en fut moins enthousiasmée. Elle savait que les forces physiques du bon prêtre n'avaient jamais suffisamment servi ses pieuses intentions, d'autant que plus de trente ans avaient passé là-dessus. Pour lui, heureux d'avoir atteint son but et de plus en plus désireux de la sanctification des âmes, il osait tout espérer, malgré ses soixante ans, dans sa nouvelle position.

On conçoit la peine de la révérende mère Ste-Eugénie, dont l'état s'aggravait de plus en plus ; cependant, toujours soumise à la volonté de Dieu, elle en prit religieusement son parti. C'était à la fin du mois du Rosaire : le lendemain de sa prise de possession, le nouvel aumônier eut une défaillance à l'autel, pendant le chapelet qu'il récitait à haute voix, devant le Saint-Sacrement exposé. Cet accident douloureux et inattendu causa un grand émoi dans toute l'assistance ; fort heureusement il n'eut pas de suite ; néanmoins la vénérée Mère en conçut de l'inquiétude, elle se demandait s'il n'y aurait pas à l'avenir des lacunes regrettables dans l'exercice du saint ministère. Cette appréhension s'évanouit, en voyant celui qu'elle croyait si débile s'adjuger hardiment la retraite des élèves, le sermon de l'Immaculée-Conception, un discours de vêture, la Passion et le mois de Marie tout entier, sans tenir compte des fatigues de la première communion. L'amour donne des ailes, dit l'auteur de l'*Imitation* : M. l'aumônier aimait ardemment Notre-Seigneur et son Immaculée Mère. Il aurait voulu faire passer dans tous les cœurs ses transports divins. C'était un fleuve qui ne demandait qu'à s'épancher, une flamme avide de se communiquer, une céleste vapeur cherchant l'espace pour se dilater, un rayon brûlant pressé de percer le nuage. L'apôtre du Sacré-Cœur de Jésus, l'ardent admirateur des merveilles de Paray-le-Monial (1) réussissait admirablement dans la direction des âmes aux étroits sentiers de la vie spirituelle. S'adressant à la communauté réunie, il savait intéresser son jeune auditoire en agrémentant ses instructions de traits édifiants, toujours à la portée des élèves. Tout allait de manière à rassurer la vénérée malade, cette excellente supérieure qui avait depuis longtemps les lèvres collées à la coupe amère de la souffrance.

III

Mgr Hasley est nommé archevêque de Cambrai
Ses dernières visites a la maison mère

A peine quelques mois s'étaient écoulés depuis le départ de M. l'abbé Mathieu, qu'un événement inattendu vint accabler de tristesse toute la communauté : Mgr l'Archevêque allait quitter le siège de saint Agricol pour celui plus important de Fénelon.

Le 26 mars 1885, le vénéré prélat voulut bien présider encore une prise de voile de quatre jeunes postulantes, et porter ses con-

(1) Par allusion à son ouvrage sur les apparitions de la B. Marguerite-Marie.

solations à la révérende Mère, dont la cruelle maladie, progressant toujours, l'obligeait à garder la chambre. Elle reçut avec respect et reconnaissance les encouragements tout paternels du saint prélat, n'espérant plus revoir cette douce figure si sympathique à la douleur.

Le pasteur tout aimable, le père dévoué ne perdit pas de vue l'état de la pauvre patiente : avant de dire le dernier adieu à l'archidiocèse, son cœur l'amena de nouveau auprès du lit de souffrance de la bonne Mère pour lui porter une suprême bénédiction, qui parut la réconforter ; son âme délicate en reçut un accroissement de calme et de confiance en Dieu. Hélas ! ce rayon d'espoir s'évanouit bientôt.

IV

Etat grave de la mère Ste-Eugénie
ses derniers moments, sa mort

C'était à la fin d'avril, un irréparable malheur allait fondre sur la congrégation entière. Cette Mère chérie ne devait survivre que peu de jours à la précieuse visite du regretté prélat. Les heures s'écoulaient lentement dans la souffrance et la prière. La mort lui paraissait terrible, au point que nul n'osait en

évoquer le souvenir en sa présence et rien ne donnait à comprendre qu'elle sût avec quelle rapidité s'approchaient ses derniers instants. Elle aimait beaucoup la Sainte-Vierge et l'invoquait souvent ; sa dévotion au saint Rosaire semblait augmenter, à mesure que son corps, dévoré par le mal, descendait vers la tombe. « Priez, priez, disait-elle en soupirant ; récitez pour moi le rosaire. » On ne l'a jamais entendue se plaindre durant ses longues heures d'indicibles douleurs. Dès les premiers jours de mai son air soucieux laissa deviner qu'elle n'avait plus de doute sur la gravité de son état ; elle dit à l'assistante qui allait prendre ses ordres : « Je vais au bon Dieu, laissez-
« moi ; je vous donne toute liberté pour les
« affaires ; agissez comme vous l'entendrez ;
« ne comptez plus sur mon concours ; dites
« à nos sœurs de beaucoup prier pour moi,
« mais qu'elles ne me parlent pas de la mort,
« j'y pense. »

La sainte Eucharistie, qu'elle recevait fréquemment avec beaucoup de foi et d'amour, était sa plus douce consolation.

Le 8 mai, la bonne Mère communiqua ses dernières volontés et donna d'utiles conseils à l'assistante, qui ne la quittait pas, et dont le cœur était plein d'angoisses.

Toujours unie à Dieu, la pieuse mourante

souffrait avec une grande générosité, dans un silence religieux, interrompu de temps à autre par des aspirations telles que celles-ci : « Mon « Dieu, tout pour votre amour ; votre volonté « et non la mienne ; Marie, ma bonne Mère, aidez-moi. »

Cette âme, timide jusqu'au bout, mais ferme dans son désir de soumission, allait à son centre, doucement attirée vers Celui qu'elle avait tant aimé et cherché à faire aimer autour d'elle par l'exemple constant de ses vertus, surtout de sa mansuétude. Le samedi 9, vers cinq heures du soir, elle demanda les prières des agonisants, « mais, dit elle, pas « autour de mon lit, cela m'impressionnerait « trop. » A onze heures de la nuit, de pénibles gémissements, triste prélude d'une agonie laborieuse, disaient avec éloquence que l'heure fatale approchait. La vénérée mourante, dont la vue n'était pas encore éteinte, promena autour d'elle un regard significatif, comme pour dire à ses filles un suprême adieu. Les dernières étreintes d'une cruelle agonie ne parurent point altérer son calme. Insensiblement, sa voix s'éteignit ; vers deux heures du matin, le dimanche 10 mai, l'ange de la mort vint reposer son vol sur la victime préparée au sacrifice et emporta, nous l'espérons, sa belle âme vers les demeures éternelles.

La révérende mère Ste-Eugénie était âgée de soixante-six ans et cinq mois ; elle avait gouverné sa congrégation durant près de vingt-six ans, avec une grande sagesse, aimée et vénérée de tous, et laissait dans un immense deuil sa famille spirituelle, qui compta dès lors sur sa protection.

La nouvelle du trépas de la révérende mère Ste-Eugénie attira au couvent plusieurs personnes qui demandaient à contempler encore une fois ce visage, où étaient peintes la piété et la douceur : des prêtres, des religieux, des religieuses vinrent s'agenouiller devant ces restes vénérés.

Le dévoué M. Mathieu, archiprêtre d'Apt, averti par dépêche du décès, partit immédiatement et passa la nuit presque entière en priant auprès de ce corps inanimé, dont la vue lui rappelait tant de souvenirs intimes et édifiants.

Les obsèques furent organisées pour le lendemain matin ; les sœurs des environs s'y rendirent toutes ; les plus éloignées envoyèrent avec leurs regrets amers des souvenirs mortuaires pour les représenter au cortège. Un nombre considérable d'anciennes élèves, d'amis, de connaissances, l'accompagnèrent au champ de repos. M. Clément, vicaire général, avait fait la levée du corps, entouré du clergé paroissial et de plusieurs prêtres, amis de la communauté.

V

La première assistante est chargée de l'intérim. Mgr Marie-Ange Vigne succède a Monseigneur Hasley

Sur le soir, M. le supérieur réunit les sœurs professes, et, après avoir récité le *Veni Creator*, il confia l'intérim du gouvernement à la première assistante, exhortant les sœurs à lui obéir jusqu'à la retraite générale, époque fixée pour l'élection d'une nouvelle supérieure. Celle-ci accepta en tremblant la difficile mission qui lui était confiée, toute disposée à faire autour d'elle le plus grand bien possible.

Les religieuses, encore toutes plongées dans la douleur, n'avaient point ouï parler de la nomination du successeur de Mgr Hasley. Dès qu'elles connurent son nom et sa résidence, l'assistante intérimaire lui apprit l'immense deuil où était plongée la congrégation tout entière, assurant à sa Grandeur qu'elle trouverait dans les sœurs de l'Immaculée-

Conception des religieuses soumises en toutes circonstances. Mgr Marie-Ange Vigne voulut bien répondre par quelques mots tout paternels, qui furent une première révélation de la bonté de son cœur. Nous ne saurions taire ici le contenu de cette bonne lettre.

« Grignan, 13 mai 1885.

« Ma chère fille,

« Je reçois à l'instant votre bonne lettre,
« qui m'informe du deuil qui vient d'atteindre
« votre pieux institut, et m'apporte en même
« temps la touchante expression de vos sen-
« timents à l'égard de votre nouveau pasteur.
« Je m'associe de tout cœur, ma chère fille, à
« la légitime douleur et aux amers regrets
« que cause à votre congrégation la perte si
« pénible qu'elle vient de faire dans la per-
« sonne de sa Supérieure générale, et je ne
« m'associe pas moins à vos saintes prières
« pour le repos de son âme. Je vous remer-
« cie des sentiments que vous m'exprimez
« et auxquels je veux, à l'exemple de mes
« vénérés prédécesseurs, répondre dans la
« plus large mesure. Je suis heureux de vous
« envoyer, dès maintenant, mes plus pater-
« nelles bénédictions.

« Veuillez me recommander au Cœur de

« Notre-Seigneur et à la douce Vierge Imma-
« culée, patronne de votre institut.

« Agréez, ma chère fille, pour vous et
« votre congrégation, l'assurance de mon
« plus respectueux dévouement en N.-S.

« † ANGE, *Archevêque d'Avignon.* »

L'arrivée du nouveau prélat était annoncée pour le 20 mai, veille de l'Ascension de Notre-Seigneur ; d'autre part, la messe de neuvaine pour la bien-aimée défunte était fixée à cette même date, le seul jour depuis sa mort où le prêtre pût revêtir à l'autel les ornements noirs. L'assistante déléguée avait envoyé des lettres d'invitation à tous les prêtres qu'elle savait avoir eu des rapports avec la révérende Mère. La coïncidence de l'arrivée de Monseigneur avec le service funèbre en amena un grand nombre, de sorte que durant le saint sacrifice, célébré par M. Clément, vicaire général, le sanctuaire de la chapelle du couvent était occupé par une quarantaine d'ecclésiastiques des divers rangs de la hiérarchie sacrée. Les élèves du pensionnat exécutèrent des chants funèbres accompagnés de l'orgue, comme filiale expression de leurs regrets sincères.

Mgr Marie-Ange Vigne arriva en effet, le 20 mai, à une heure après-midi. Il n'y eut pas de réception solennelle, par la raison que les processions étaient interdites dans la ville depuis quelques années. Sa Grandeur se rendit simplement en voiture à la Métropole, accompagné par le haut clergé du diocèse. Les catholiques de tous les partis auraient été heureux de lui rendre les honneurs dus à la dignité archiépiscopale. Le vertueux prélat n'était pour eux ni étranger, ni inconnu : des liens de famille l'attachaient au diocèse et même à la ville métropolitaine ; son nom répondait parfaitement à ses qualités personnelles ; ses antécédents sur le sol africain, où il avait trouvé tout à créer pour ainsi dire, au milieu de pénibles luttes, et son épiscopat fructueux à Digne, parlaient en sa faveur ; aussi, sans préjudice des regrets dus à Mgr Hasley, Mgr Vigne fut accueilli dans l'ancienne cité des Papes comme un *ange* envoyé du ciel.

VI

Première visite de Monseigneur Vigne

Dès leur première entrevue avec le nouvel archevêque, les religieuses de l'Immaculée-Conception se sentirent protégées. De là une confiance toute filiale envers le digne prélat, devenu leur père au moment de l'angoisse, avant de les connaître. Sa première visite à la maison mère eut lieu le 4 juin suivant, au lendemain de la première communion. Le vénéré pontife marqua le front de ces jeunes enfants de l'onction sainte qui fait la force du chrétien. A la modeste réception qui suivit cette pieuse cérémonie, l'assistance fut ravie et touchée de la tendresse de son cœur, lorsqu'en termes émus il évoqua le souvenir de la révérende mère Ste-Eugénie, en énumérant ses qualités incontestables. Sa Grandeur parlait sur des ouï-dire ; mais son discours accentué portait à croire que la bonne Mère ne lui était point inconnue.

Après une première bénédiction vraiment paternelle, Mgr sortit de la salle d'honneur, accompagné de vivats souvent répétés.

VII

Vacances

Les joies qu'apporte la fin d'une année scolaire revenaient pour les élèves ; cette ruche bourdonnante rêvait à l'espace, aux joies du foyer, aux caresses maternelles, enfin au bonheur des vacances. Pouvait-on les astreindre à demeurer tristes, comme leurs secondes mères du pensionnat ?

A cet âge d'illusions tout se peint, tout se

reflète dans le prisme de l'espérance, qui revêt les plus petites choses des couleurs du ciel. Ces jeunes filles, les aînées surtout, n'osaient attendre une distribution de prix solennelle : aussi ne furent-elles point étonnées de voir leurs couronnes et leurs récompenses, objet d'une juste et innocente convoitise, modestement déposées sur une table à l'ombre d'un feuillage épais. Toute la cérémonie consista en quelques mots de remerciements adressés à M. l'aumônier, pour les soins intelligents dont leurs jeunes âmes avaient été l'objet durant cette première année de son ministère au milieu d'elles.

Après avoir reçu leurs prix, ces chères enfants se dispersèrent, emportant au foyer un sentiment de vague tristesse et de graves impressions de cette fin d'année.

VIII

La mère Marie-Joséphine est nommée supérieure générale ; son gouvernement

L'aile rapide du temps allait passer sur une période de vicissitudes : il s'agissait de nommer à la plus haute charge de la congrégation une sœur capable de remplacer l'incomparable Mère que le ciel venait de ravir à ses enfants.

De toutes les maisons de l'ordre des prières ferventes montaient vers le ciel, celles surtout ordonnées par lettre circulaire de l'assistante chargée de l'intérim.

L'élection devait avoir lieu le 5 septembre, immédiatement avant la retraite générale. Les religieuses appelées par leur âge et leurs fonctions à prendre part au vote ne manquèrent pas de se rendre au jour indiqué.

Monseigneur l'Archevêque descendit au couvent à neuf heures du matin, accompagné de M. Clément, supérieur, et de M. l'abbé Mansis, aumônier. Ayant accompli le cérémonial indiqué aux constitutions, chacune des sœurs vocales s'approcha pour déposer son bulletin dans l'urne. Au premier tour de scrutin la mère Marie-Joséphine Darmure, supérieure de la maison de Paris, obtint la majorité des voix. Elle était aimée des sœurs, notamment de celles qui avaient été sous sa dépendance dans les différentes maisons de l'institut.

Ardente dans sa dévotion, ordonnée à l'extérieur, sans défiance ni retour, même à l'égard des personnes capables de la tromper, la bonne Mère révélait parfois l'extrême de ses qualités nombreuses. Elle était fort régulière dans sa jeunesse, mais arrivée à un certain âge, sa pauvre santé ne lui permit plus de donner aux sœurs ce bon exemple. L'insurmontable difficulté d'être toujours à l'heure lui causait de vives inquiétudes après son élévation au généralat, mais en vraie bonne religieuse elle trouvait dans son grand esprit de foi et sa piété ardente une sorte de compensation, dont les sœurs étaient édifiées.

Au jour de son élection, la nouvelle supérieure témoigna à l'assistante intérimaire une grande confiance, en la laissant au second rang et lui adjugeant la charge délicate et difficile d'économe générale, comptant sur elle, pour le temporel, comme un riche héritier se repose du soin de ses domaines sur un vieux régisseur éprouvé.

Le début de son généralat fut marqué par une forte épreuve : le choléra sévissait à Nice. Victime du cruel fléau, une sœur de trente-six ans mourut en vingt-quatre heures. Le télégramme annonçant cette mort inopinée fut remis à la révérende Mère au moment où venaient de se clore les élections, triste commencement qui jeta son âme dans une profonde douleur ; mais, assurée par la foi que l'affliction est le sceau des élus, elle leva les mains au ciel en disant, dans un élan de sainte résignation : « O mon Dieu ! que m'arrivera-« t-il encore ? Que votre volonté soit faite

« en tout temps et en tout lieu. » Elle invita la communauté à s'unir dans une même prière pour le repos de l'âme de la chère défunte et pour la préservation des religieuses qui s'étaient dévouées auprès d'elle jusqu'à son dernier soupir.

La mère Marie-Joséphine était trop peu restée dans la maison mère, et n'avait par conséquent pas foulé en plein la route épineuse de l'administration sur un champ plus vaste qu'à Paris, où il n'y avait que douze religieuses.

Quelques années passées dans la charge d'économe n'avaient pas suffi pour l'aguerrir ; elle s'effraya d'avoir à ménager tant d'intérêts divers au dedans et au dehors. La responsabilité morale lui paraissait autrement lourde que les soins matériels. Pressée de se dévouer, la révérende Mère multiplia ses voyages, surtout pendant la première année. C'est ainsi que Paris, Nice, Sault, les Saintes-Maries, etc., etc., reçurent tour à tour sa visite.

Partout où elle séjournait, l'intrépide Supérieure examinait chaque classe en détail, non d'une manière superficielle, mais repassant une à une toutes les branches de l'enseignement donné dans chaque division et adjugeait les récompenses aux élèves qui les avaient réellement méritées par leur application et leur bonne conduite. Son imagination ardente, la vivacité de son caractère minaient insensiblement ce corps déjà usé. Sa maigreur étonnait ; on ne comprenait pas qu'un tempérament si débilité pût suffire aux exigences de sa charge. Remplie de zèle pour le perfectionnement de sa grande famille, elle rêvait d'importantes choses ; mais la main puissante du suprême ordonnateur devait bientôt l'arrêter, satisfait de sa bonne volonté et de ses pieux désirs.

Pendant un long mois que la révérende Mère passa à Nice, elle jugea utile d'emmener à la maison mère la supérieure de Saint-Maurice et laissa pour la remplacer provisoirement la religieuse la plus ancienne.

Vers la fin des vacances, elle conçut le projet d'envoyer à Nice sa première assistante et en même temps économe générale. Son travail, ses sollicitudes allaient doubler, privée d'une auxiliaire habituée aux éventualités des affaires quotidiennes ; mais les grandes âmes ne comptent point avec la fatigue, elles savent se donner, se sacrifier, se perdre.

Tout fut donc résolu pour le déplacement projeté. De la part de la Mère générale et après réflexions, certains regrets se manifestèrent à la dernière heure ; c'était trop tard.

Il fut décidé que la nouvelle supérieure

locale de St-Maurice ne laisserait pas absolument sa charge d'économe, mais qu'elle reviendrait de temps à autre pour régler les comptes de la maison mère, confiant les registres de la comptabilité à la secrétaire et le soin du matériel à la sous-économe.

La Supérieure générale avait un excellent cœur ; elle aimait toutes ses filles et aurait désiré les retenir toutes auprès d'elle, mais le vénéré fondateur ne l'aurait pas voulu ainsi. La bonne Mère sentait la portée du sacrifice qu'allait faire, en allant en poste pour la première fois, une sœur demeurée près de quarante ans dans la maison mère, occupée aux plus hauts emplois et jouissant d'une certaine popularité comme directrice du pensionnat.

La sensibilité de la révérende mère Marie-Joséphine éclata en sanglots à l'heure des adieux. Or, afin d'adoucir l'épreuve à son inférieure, elle multiplia ses encouragements, ses paroles de regrets et, pour lui montrer combien elle acquerrait de mérites en lui obéissant, elle lui dit : « Veuillez croire, mon
« enfant, que je souffre beaucoup de vous
« déplacer pour vous envoyer si loin, dans
« une maison où vous aurez beaucoup de
« soucis, de difficultés et même de déceptions ;
« mais soyez courageuse, Notre-Seigneur
« bénira votre soumission en vous donnant

« des grâces spéciales et plus tard une belle
« récompense. »

A ce discours prononcé d'un ton très ému, l'inférieure répondit en souriant : « Tranquil-
« lisez-vous, ma bonne Mère ; je vais volon-
« tiers où vous m'envoyez, car, comparée à
« la position qui m'est faite ici, la maison de
« Nice est une *amusette*. » — « Eh bien ! dit
« la révérende Mère d'un air satisfait, tant
« mieux, allez vous amuser. » On verra plus tard si elle s'y amusa longtemps et de quelle manière elle expia ces paroles irréfléchies.

Le lendemain, de grand matin, elle partit sans faire d'adieux, afin de ne pas troubler le silence de la retraite générale, ouverte la veille, et arriva à sa destination le soir du samedi 4 septembre 1886.

La nouvelle supérieure n'était point une étrangère pour les sœurs des trois établissements de Nice. Elles l'avaient vue au milieu d'elles durant la construction du pensionnat, qui avait duré environ deux ans : les liens de religieuse affection qui s'étaient formés la leur rendaient chère ; aussi lui firent-elles le plus gracieux accueil. Le R. P. Vincent, de son côté, ne pouvait oublier l'influence qu'avait exercée cette religieuse dans la détermination prise à l'égard de l'adoption des sœurs bénédictines de Nice et de Paris. Il écrivit à la révérende Mère une lettre de remerciement, dans laquelle le vénérable provincial réitérait l'assurance de ses sentiments d'estime, ses promesses de protection constante et de dévouement sans bornes pour les religieuses de l'Immaculée-Conception.

Après la retraite annuelle, donnée par un R. P. oblat de Marie-Immaculée (1), régnaient dans la maison de St-Maurice la joie, la paix, l'union des cœurs, avec tout le bien-être moral, fruit ordinaire d'une sérieuse et constante application à observer la règle.

IX

Départ du R. P. Vincent. Maladie du P. Louis, sa mort

Un point noir ne tarda pas de se montrer à l'horizon, jusque-là si pur, si lumineux. La communauté allait se voir dans la misère de secours spirituels : le R. P. Vincent Oliva avait été remplacé dans sa charge de provincial par le gardien du couvent d'Avignon (2). Le révérendissime général laissa l'ex-provincial libre de rester au couvent de Cimiez où de rentrer en Italie ; son grand âge et les

(1) Le révérend Père Garnier.
(2) P. Marie-Joseph.

services qu'il avait rendus à son ordre méritaient bien cette condescendance. Il désirait et espérait avoir sa résidence au couvent de St-Damien, berceau de la famille franciscaine, tout heureux d'être près de la modeste cellule sanctifiée par la vie et la mort de Ste Claire ; mais Dieu voulut qu'on lui assignât le couvent appelé la maison paternelle de St François. Le 22 novembre, l'humble religieux partit secrètement, pour ne pas être témoin des regrets que causeraient des adieux à ses nombreux amis. A peine prenait-il possession de la pauvre cellule, précieux héritage de St François d'Assise, que le R. P. Louis, religieux capucin, gardien du couvent de St-Barthélemy et confesseur des religieuses, tombait dangereusement malade.

L'autorité diocésaine, voulant amener la Supérieure à demander un aumônier attitré, ne se pressa pas de combler le vide fait à la maison de St-Maurice par l'absence simultanée des vénérables religieux. Cependant les jours s'écoulaient ; vinrent ensuite les fêtes de l'Immaculée-Conception, de Noël, la retraite annuelle des élèves et le jubilé sacerdotal du pape Léon XIII. Par quelle pénurie spirituelle on allait passer ! Il fallait chaque semaine avoir recours au zèle charitable de prêtres plus ou moins connus de la communauté. Le vénérable chapelain n'était autorisé que pour la sainte messe et les bénédictions du Saint-Sacrement.

Un autre Père Vincent, religieux augustin de l'Assomption, directeur d'un alumnat dans la paroisse St-Barthélemy, fut d'un grand secours pour les élèves dans cette pénible circonstance.

Le jour de l'Epiphanie 1887, les sœurs, mêlant leurs larmes à celles des Pères capucins et des paroissiens de St-Barthélemy, accompagnaient à sa dernière demeure le corps vénéré du R. P. Louis, décédé dans d'horribles souffrances, qu'il supporta longtemps avec une patience héroïque. Ce saint religieux avait d'autant plus souffert durant les dernières semaines, qu'à l'extérieur il ne paraissait pas malade. A chaque crise, et elles étaient fréquentes, il allait par humilité se faire soigner à l'hôpital St-Roch. Nous l'avons vu et admiré reposant dans la salle commune ; c'est dans cet état de pauvreté qu'il recevait souvent la visite de hauts personnages, tels que l'évêque de Nice, le comte d'Osmond et autres, qui aimaient à s'inspirer de sa sagesse dans les cas difficiles. Se sentant près de mourir, il revint prendre sa place dans sa communauté, aux environs de Noël.

D'une simplicité rare, toujours souriant,

toujours disposé à rendre service, aimable jusqu'à la dernière heure, sans cesse occupé de Dieu, le bon Père Louis a laissé les meilleurs exemples et les plus chers souvenirs. Son dévouement, son zèle pour les sœurs de l'Immaculée-Conception ne seront jamais oubliés.

X

Voyage de la supérieure a Avignon
son retour a Nice. Le tremblement de terre
dégats

Le 2 février suivant, la supérieure du couvent de St-Maurice partait pour Avignon, où certaines affaires réclamaient sa présence : elle devait conférer avec la Mère générale de la proposition faite par Mgr l'évêque au sujet d'un aumônier, et donner au prélat une réponse positive. Son retour à Nice était fixé au 22 février, mardi de la Quinquagésime. A l'approche de ce jour il surgit une nouvelle affaire : « Vous devriez, lui dit la Mère géné-
« rale, rester quelques jours de plus avec
« nous ; nous irions ensemble à Orange
« pour terminer..... ». — « Ma bonne Mère,
« je le voudrais bien, mais il faut que je sois
« à mon poste demain soir, rien n'est réglé

« dans la maison pour le carême ; nos sœurs
« seraient inquiètes sur ce point et sur bien
« d'autres ; si vous me l'imposez, je télégra-
« phierai de ne pas m'attendre, mais *je sens*
« *qu'il faut que j'aille à Nice demain,* et elle
« appuya surtout sur ces derniers mots. » —
« Eh bien ! répondit la révérende Mère avec
« sa rondeur accoutumée, partez ! » Et en
effet, le départ eut lieu le lendemain matin.
Mais quel trouble ! elle qui n'avait jamais su
dire non à ses supérieurs, elle qui devait
donner l'exemple de l'obéissance venait d'opposer sa volonté à celle de l'autorité légitime,
laissant une si bonne Mère dans l'inquiétude
et l'embarras. Ces réflexions roulaient dans
son esprit, les pensées se heurtaient ; tantôt
elle se persuadait avoir raison, un instant
après elle se reprochait sa désobéissance ; de
sorte que, durant les longues heures de
voyage, son esprit, son cœur et sa conscience
étaient dans un malaise indéfinissable. Au
moindre choc du train, elle s'épouvantait,
craignant la vengeance de Dieu.

Aux environs de Cannes, au bord de la
Méditérranée, là où l'horizon se montre le
plus à découvert, au lieu d'un ciel teint d'or
et d'azur, c'était un immense voile couleur
de sang. Ce phénomène, qu'on ne pouvait
supposer être une aurore boréale, envelop-

pait le littoral. Chacun, ainsi que la craintive voyageuse, pouvait se dire : Que va-t-il donc nous arriver ?...

La vapeur, comme courroucée, emportait en frémissant les lourdes voitures vers la frontière. On était à Nice vers six heures du soir. En descendant du wagon, la supérieure se jette dans les bras de trois de ses filles, qui étaient venues l'attendre. La joie de se revoir lui fit oublier pour un moment ses inquiétudes et sa frayeur, voire même le rideau pourpré, qui du reste lui apparaissait sous un aspect moins sinistre.

La récréation du soir fut trop courte pour causer de la maison mère, doux et cher souvenir pour les sœurs éloignées du berceau de leur enfance religieuse.

Avant de se rendre à la chapelle pour la prière du soir, la plus ancienne des sœurs, celle qui remplaçait la supérieure en cas d'absence, lui dit : « Ma chère Mère, bonne nuit ; reposez-vous un peu demain matin ; dormez tranquille ; nous irons vous réveiller pour la sainte messe à six heures et demie. » La chère sœur était loin de penser qu'un réveille-matin d'un nouveau genre devancerait son appel.

A six heures et quelques minutes, un horrible tremblement de terre avec oscillations du nord au sud jeta partout l'épouvante. Il fut précédé de détonations sourdes, dont le bruit semblait se répercuter dans les montagnes et dura environ trente-trois secondes. A ce moment d'indicible frayeur, on aurait dit que le monde allait rentrer dans le chaos. Les troubles, les remords de la supérieure s'apaisèrent ; elle comprit qu'elle avait agi par une disposition particulière de la Providence, en disant à la Mère générale : *Il faut que je sois à Nice demain,* car à l'heure du danger la place d'une mère est au sein de sa famille. Un mur du jardin fut instantanément renversé sur une longueur de cinquante mètres. Les plafonds tombaient, les vitres se brisaient ; les pensionnaires, dans un affolement difficile à décrire, couraient par la maison sans savoir ce qui arrivait, ni où elles allaient. Dans la ville, les habitants terrifiés se portaient en foule au bord de la mer, dont les flots s'étaient sensiblement abaissés ; une colonne d'eau bouillante jaillit subitement du lit du Paillon. On transporta sur des matelas les malades des hôpitaux au milieu des places, dans la crainte de voir les bâtiments s'effondrer sur eux.

Dans les nouveaux quartiers, les maisons étaient lézardées en plusieurs endroits, lorsqu'elles n'étaient pas démolies en partie. C'était le 23 février 1887, mercredi des Cendres : des malheureux qui avaient passé la nuit dans les fêtes mondaines moururent sous les décombres. Dans les paroisses situées au versant des Alpes, telles que St-Barthélemy, St-Philippe, St-Étienne, Cimiez, etc., les dégâts furent plus considérables que dans la basse ville. Le R. P. Gaëtan, capucin, curé de St-Barthélemy, fut renversé à l'autel. Une autre secousse, précédée et accompagnée, comme la première, de bruits souterrains, la suivit de près.

Les étrangers venus à Nice pour les fêtes du carnaval se précipitaient vers la gare ; mais les trains, bondés de voyageurs, ne pouvaient plus en recevoir.

Au couvent de St-Maurice, la supérieure, arrivée la veille, s'appliquait à paraître calme pour donner du courage à ses filles plongées dans la désolation. Le chapelain s'y rendit à sept heures, pour bénir, distribuer les cendres et célébrer la sainte messe. Toutes les sœurs firent la sainte communion avec une grande ferveur ; on sentait tant le besoin de s'approcher de Dieu !... Cependant nul n'avait conscience du danger particulier que courait la communauté : le mur qui reliait la chapelle à la vieille maison menaçait ruine, ainsi que l'escalier attenant.

Dans la matinée, et entre deux nouvelles

secousses, l'architecte du couvent se rendit de lui-même à St-Maurice pour constater les dégâts. Il ordonna la fermeture immédiate de la chapelle.

Les oscillations et trépidations avec bruits souterrains ne cessaient point ; les chiens aboyaient sans interruption ; l'eau des puits avait pris une couleur rougeâtre, d'une saveur fort désagréable. Dans l'après-midi, M. le chapelain se rendit à l'évêché, pour demander la permission de transformer en chapelle la grande salle du pensionnat. La nuit suivante, tout le personnel étant réuni au rez-de-chaussée (nul n'osait monter aux étages supérieurs pour prendre le repos de la nuit), une assez forte secousse renouvela les frayeurs du matin. On se précipita dans le jardin où l'on put stationner plusieurs heures, à la faveur d'un air très doux et d'un beau clair de lune. Ces saccades avec grondements se renouvelaient de deux heures en deux heures, et cela dura plus d'un mois.

Les journaux de la localité se taisaient sur une situation propre à empêcher la colonie étrangère de retourner à Nice l'année suivante.

En ville, le roulement des voitures, que l'on entend sans interruption, dissimulait le mouvement de la terre ; mais dans la banlieue, où tout est calme, on ne pouvait se faire illusion.

Mgr l'évêque eut la bonté de visiter les couvents les plus exposés au désastre ; il encouragea les religieuses en les ramenant à des pensées de foi et de confiance en Dieu.

Au cours de cette visite, une secousse courte, mais bien sentie, fendit la cloison de la pièce où se chauffait sa Grandeur. Aussitôt après, on transporta l'autel de la chapelle dans la salle de réception, au premier étage. Chacune s'empressa de prêter son concours à l'ornementation du sanctuaire improvisé, qui allait devenir la demeure du Dieu de l'Eucharistie. Dom Passeron y célébra la sainte messe le 25 février, et le service religieux y fut continué durant dix mois. Les mouvements de la terre s'apaisaient, toutefois l'affaissement du sol sous le poids des bâtiments élargissait les lézardes et en formait de nouvelles. L'asile Von-Derwies, moins bien bâti que le pensionnat, fut tellement avarié que les sœurs durent demeurer cinquante jours à la communauté de St-Maurice. Les propriétaires pressés de réparer leurs maisons eurent à y revenir. Or, afin d'éviter cet inconvénient prévu par l'architecte, on résolut d'attendre les grands jours pour commencer les réparations, bien qu'elles parussent très urgentes.

La supérieure, qui avait cru trouver une

amusette dans la maison de St-Maurice, ne raisonnait plus de même ; mais, loin de se décourager, elle usait de mille ressources pour relever le moral de ses compagnes, démesurément affecté chez quelques-unes. Jamais carême ne se pratiqua avec plus de ferveur. Les sœurs se disaient entre elles : nous observons bien à la lettre ce précepte de St Paul : « Opérez votre salut avec crainte et tremblement. »

On arriva heureusement à Pâques ; tout rentra dans le calme, sauf à ressentir de loin en loin quelques légères secousses, dont on ne s'effrayait plus.

XI

Première communion
Les Pères de l'Assomption quittent Nice

Vint l'époque de la première communion : la situation spirituelle n'était point changée ; la révérende Mère générale avait permis d'attacher un aumônier au pensionnat ; la supérieure locale en avait donné l'assurance à sa Grandeur, lors de sa visite au lendemain du tremblement de terre, néanmoins on dut attendre la fin de l'année scolaire.

Le Père Vincent de l'Assomption, qui avait

dans d'autres circonstances prêté son pieux concours pour les élèves, s'offrit à faire tous les exercices préparatoires au grand jour.

Une nouvelle contrariété vint justifier un axiome bien connu : « L'homme s'agite et Dieu le mène (1). » La pauvre maison de l'alumnat était devenue inhabitable, par suite du désastre. Le supérieur général de l'Assomption ordonna au directeur de quitter Nice pour aller s'établir à Miribel-les-Échelles, où un local très convenable leur était préparé. Le départ des Pères et des élèves eut lieu le 10 juin, premier jour de la retraite ; nouvel embarras pour la supérieure, qui n'épargna ni ses courses, ni ses paroles pour trouver un prêtre dévoué qui pût achever l'œuvre si bien commencée par le P. Vincent. La Providence lui vint en aide : un ancien missionnaire, M. l'abbé Bonetti, mit largement au service de ces jeunes âmes sa grande foi, son intelligence et son ardente piété. La cérémonie eut lieu dans la salle servant de chapelle, le 13 juin, jour indiqué par Mgr l'évêque. Sa Grandeur présida cette fête intime et marqua du saint chrême le front de ces jeunes enfants. Les consolations de ce jour heureux firent oublier les peines et les sollicitudes qui l'avaient précédé

(1) Fénelon : sermon sur l'Epiphanie.

XII

Mort du R. P. Vincent, récollet

Pendant qu'au pensionnat de St-Maurice maîtresses et élèves goûtaient d'ineffables joies, un événement douloureux se passait à Assise : le R. P. Vincent Oliva tombait frappé d'apoplexie, dans la rue, en accompagnant le Saint-Sacrement à la procession solennelle. Sa main crispée retint le flambeau qu'il portait comme l'emblème de sa foi et de son ardent amour. L'épouvante se mit dans les rangs : on transporta le vénérable malade dans un monastère du voisinage, chez les RR. PP. capucins. C'est de là que son âme sacerdotale et profondément religieuse alla se réunir à Dieu, notre principe et notre fin.

Le regretté défunt avait une dévotion austère, il redoutait beaucoup les jugements de Dieu et en inspirait la crainte à ses pénitents.

La nouvelle de cette mort inattendue fut portée à St-Maurice par le Père gardien de Cimiez. Les sœurs, celles surtout qui avaient bénéficié de longue date de son zèle persévérant, payèrent à leur ancien vénéré supérieur un large tribut de regrets et de prières,

Le 24 du même mois, la supérieure de St-Maurice éprouva une singulière émotion en recevant par la poste une lettre venant d'Assise, dont la suscription paraissait être tracée de la main du vénéré défunt. La vue de cette écriture, qu'elle aurait reconnu sur cent autres, lui fit dire intérieurement : « Le révérend Père n'est pas mort, ou il est ressuscité. » D'une main tremblante elle brisa le cachet, et, jetant les yeux sur les premières lignes de cet écrit, elle s'expliqua le mystère.

Nous transcrivons cette lettre pour l'édification du lecteur :

« Ma très révérende Mère,

« Cette lettre vous annoncera ma mort !
« C'est moi-même qui vous en donne la nou-
« velle afin que vous ayez la charité de prier
« pour ma pauvre âme. Vous connaissez
« toute mon affection pour vous et pour tou-
« tes les religieuses de l'Immaculée-Concep-
« tion. Du premier moment que j'ai connu
« votre sainte congrégation, Dieu m'a toujours
« accordé un grand désir de lui faire tout le
« bien qu'il m'a été possible. Chaque reli-
« gieuse doit me rendre cette justice ; ainsi je
« dois être sûr que toutes se souviendront de
« ma pauvre âme, en lui envoyant surtout

« beaucoup de communions et de chemins
« de croix ; c'est ce que je demande d'une
« manière toute spéciale, ainsi que beaucoup
« d'indulgences. Si le bon Dieu, comme je
« l'espère, veut bien faire miséricorde à son
« misérable serviteur, je ne manquerai jamais
« de le prier pour vous, pour toutes et pour
« chacune des sœurs.

« Je vous donne, en attendant, du fond du
« cœur, ma bénédiction pour la dernière fois.

« Père Vincent, *Récollet.* »

Cette lettre, qui révèle un esprit profondément religieux, ne fut pas la seule écrite de sa main sous le pressentiment de sa fin prochaine. Les supérieures des maisons importantes de la congrégation en reçurent une. Elle est conservée dans les archives comme souvenir précieux du dévouement sans bornes dont le bon Père a honoré celles qu'il avait adoptées pour ses filles spirituelles. Aucune n'a manqué de répondre à ses vœux en offrant à Dieu, pour le repos de cette âme, de nombreux suffrages, comptant, selon sa promesse, sur sa protection auprès de Dieu.

XIII

Nomination d'un aumônier

Le pieux prêtre choisi par Mgr l'évêque pour remplir les fonctions d'aumônier dans le pensionnat se mit en rapport avec la communauté. On régla sa prise de possession pour la mi-août. C'était l'annonce d'une ère nouvelle, de la possibilité permanente de faire accomplir aux élèves leurs devoirs religieux sans sortir du couvent, et une ressource assurée aux bonnes sœurs, lassées de marcher seules dans les voies de la perfection. Quel soulagement pour la supérieure et les maîtresses du pensionnat !

XIV

Réparation et agrandissement de la chapelle

Le 25 juillet, les ouvriers entreprirent le périlleux travail des réparations causées par le tremblement de terre. Les murs d'enceinte de la chapelle étaient en si mauvais état, qu'il fallut un double rang de tirants de fer pour les consolider. La poutre principale, supportant l'arceau au-dessus de l'autel, ne prenait que de quatre centimètres sur le mur, dont les pierres étaient disjointes, ce qui fit dire à l'architecte, au moment de la démolition : « Pas de coups de marteau, il y a du danger. » On descendait les pierres à bras, au moyen d'échelles doubles.

La supérieure profita de cette circonstance pour donner un peu plus de développement à la chapelle ; ces réparations et la construction du préau y donnant accès durèrent cinq mois.

Aussitôt arrivé à Nice, le nouvel aumônier fit ses dispositions pour donner la retraite annuelle aux sœurs des trois établissements réunis. On doit dire à sa louange qu'elle rapporta beaucoup de fruit.

Le lecteur nous pardonnera d'avoir laissé si longtemps la maison mère pour nous occuper d'une succursale ; témoin ému de tant de tribulations, nous ne pouvions les taire, comme aussi nous rendons grâces à Dieu d'avoir bien voulu y mettre un terme.

Ces faits prouvent une fois de plus que, lorsque nous croyons tout perdu, la Providence nous montre que tout est sauvé ; rien ne plaît tant à Notre-Seigneur que la confiance et la soumission à son bon plaisir ; notre divine Mère Marie Immaculée aime à trouver de telles dispositions dans l'âme de ses enfants.

XV

Maladie grave de la révérende mère Marie-Joséphine. Sa dernière visite aux établissements de Nice.

Pendant que ces divers événements se succédaient à Nice, la révérende mère Marie-Joséphine poursuivait la seconde année de son généralat, au cours de laquelle bien des contre-temps abreuvèrent son cœur d'amertume. Pauvre Mère ! la perte de plusieurs jeunes sœurs, la laïcisation de quelques écoles et autres soucis de tous genres fondaient sur elle comme une pluie d'orage.

Les visites nécessaires dans plusieurs petites communautés et six semaines passées à Paris pour l'exécution d'un projet qu'elle croyait devoir poursuivre et qu'elle ne put faire aboutir, tout concourut à l'abattre et acheva de ruiner sa frêle santé. Voici le fait :

Deux jeunes religieuses avaient été envoyées successivement à Paris ; le climat n'ayant pu leur convenir, on les rappela dans le midi, où l'une mourut quelques mois après. La révérende Mère déjà souffrante fut vivement impressionnée ; elle craignait qu'aucune de ses filles ne pût désormais s'acclimater dans le nord ; elle entrevoyait, dans une époque plus ou moins prochaine, l'impossibilité de pourvoir cette maison des sujets nécessaires à son bon fonctionnement. D'autres difficultés matérielles lui parurent insurmontables. Elle résolut de mettre en vente l'immeuble et la clientèle et d'abandonner la capitale. A cette nouvelle, plusieurs parents adressèrent une supplique à Mgr l'Archevêque d'Avignon, en date du 8 octobre, pour obtenir de sa Grandeur que l'établissement fût conservé. Le digne prélat fit passer cette touchante lettre à la Supérieure générale, afin qu'elle la communiquât à son conseil. La délibération fut qu'on laisserait les choses en l'état où elles étaient depuis la fermeture des deux premières classes et le départ des maîtresses respectives.

Cette détermination prise, la révérende Mère résolut de visiter ses maisons de Nice ; elle en donna avis à la supérieure de Saint-Maurice. Cette nouvelle communiquée aux autres établissements réjouit toutes les religieuses. Il leur tardait de revoir leur chère supérieure, de lui raconter tout ce qu'elles avaient souffert durant l'année courante et quelle était leur satisfaction d'être délivrées des tourments, des peines amères, des mille vicissitudes par lesquelles il avait plu à Dieu de les faire passer.

Celle dont la présence devait consoler sa famille lointaine arriva le 14 octobre. Dès la première entrevue un sentiment de tristesse pénétra tous les cœurs. La révérende Mère avait l'air inquiet ; son visage amaigri, sa démarche pénible, sa parole saccadée annonçaient une fatigue générale, une déperdition considérable de forces physiques.

Toutes les sœurs comprenaient que leur bonne mère avait besoin avant tout d'un grand repos. Les soins les plus minutieux, les plus délicats, les plus filials, lui furent d'abord prodigués. Elle fut l'objet des mêmes prévenances dans chacune des maisons qu'elle visitait. Son estomac, dans un délabrement absolu, refusait toute sorte de nourriture ; le sommeil fuyait sa paupière par suite d'atroces souffrances intestinales qu'elle endurait ; la chère Mère voulut quand même faire face à tout, ne se résolvant pas à prendre un repos complet qui lui était si nécessaire.

Durant son inspection des classes, on remarqua une diminution notable de l'énergie qu'elle y avait déployée jusqu'alors.

A bout de forces, la Mère Marie-Joséphine exprima le désir de regagner la maison mère où, disait-elle, on connaissait mieux ses habitudes. Partie seule d'Avignon, elle avait chargé la sous-économe d'aller la chercher à

Nice au bout de trois semaines. Ce fut fait ainsi et le départ fixé au 15 novembre.

Dans la dernière réunion qu'elle fit avant son départ à la communauté de St-Maurice, la Mère Marie-Joséphine félicita les religieuses de la régularité et de la bonne intelligence qu'elle y avait remarquées et combien elle partait satisfaite.

A ce moment, la plus ancienne des sœurs se leva et, se faisant l'écho de ses compagnes, dit à la révérende Mère : « Ce résultat conso-« lant nous le devons à la bonne supérieure « que vous nous avez donnée ; nous vous « prions de la laisser. »

La Mère générale répondit : « Mes enfants, « je ne vous l'ai pas donnée pour vous l'ôter ; « je pars remplie de consolations de ce que « j'ai vu ici. Continuez à vivre dans l'obéis-« sance et la charité ; montrez-vous toujours « bonnes filles, et elle ne cessera d'être bonne « Mère. »

XVI

La mère Marie-Joséphine retourne a la maison mère. Son départ pour Piolenc. Elle rappelle sa première assistante.

Le 15 novembre, à cinq heures du matin, le train emportait vers Avignon la révérende Mère avec sa compagne ; et, bien que pour éviter la fatigue elle eût fait en route une halte chez de pieuses amies, son arrivée dans la maison mère s'effectua au prix de grandes souffrances.

Elle espérait que quelques jours de tranquillité seraient suffisants pour la remettre ; mais, trompée dans son attente, la chère malade demanda qu'on l'accompagnât à Piolenc, espérant que l'air pur de la campagne et l'absence de tout souci lui seraient salutaires. En partant, le 25 novembre, elle confia le soin de la maison à la maîtresse des novices et à la secrétaire, qui l'avaient bien secondée depuis le départ de la première assistante. On ne pouvait compter sur la deuxième assistante, toujours malade et d'un âge très avancé.

A Nice, la Mère Marie-Joséphine dissimulait son état de souffrance, afin de ne pas attrister le cœur de ses filles ; mais en arrivant à Piolenc, où elle se sentait plus à l'aise, elle dit en soupirant : « Mes enfants, je vous apporte une ruine. »

Le médecin appelé déclara une vieille entérite chronique. L'état de la malade était grave.

L'amour des sœurs pour leur vénérée Mère les illusionnait au point de la croire en voie de guérison ; hélas ! la patiente ne pensait pas de même. Se sentant désormais incapable de remplir ses obligations et craignant de charger sa conscience en conservant une dignité sans en accomplir les devoirs, elle résolut de demander à Mgr l'Archevêque la permission de démissionner.

Sa Grandeur ne jugea pas à propos d'accéder à sa demande, vu que, sans un miracle, la révérende Mère ne pouvait revenir à la santé. Dans sa réponse Mgr lui conseilla de rappeler de Nice sa première assistante, pour la suppléer dans la maison mère jusqu'à nouvel ordre. La chère malade goûta cette pensée et pria M. Clément d'écrire lui-même. Ce dernier entra parfaitement dans les vues de Monseigneur et de la révérende Mère et agit en conséquence.

XVII

Départ de la supérieure de Nice. Sacrifice

C'était en l'octave de l'Immaculée-Conception ; les trois communautés de Nice avaient célébré leur fête patronale toutes ensemble, le cœur débordant de joie religieuse. Pleines d'espérance après tant de fluctuations, elles croyaient enfin respirer à l'aise ; celles de St-Maurice avaient un excellent aumônier ; la chapelle et ses abords étaient mis à neuf ; la révérende Mère avait promis de laisser la supérieure locale ; en un mot tout concourait au bonheur si longuement désiré. Chaque jour, des actions de grâces s'élevaient vers le ciel, mais, hélas ! comme dit judicieusement l'auteur de l'*Imitation* : « Il n'y a rien de stable sous le soleil. »

La lettre de M. le vicaire général arriva comme un coup de tonnerre, le 14 décembre. Toute bonne, toute paternelle qu'elle fût, son contenu jeta l'alarme parmi les sœurs, disons même dans le voisinage. Quant à la supérieure, ce lui fut une peine de quitter ses bonnes compagnes, la chère maison qui lui avait coûté tant de travaux, ce témoin muet de tant d'émotions diverses, et surtout la modeste chapelle où son âme aimait à se répandre devant Dieu. Rien ne lui paraissait plus difficile que de prononcer ce *fiat* exigé par la sainte obéissance ; pourtant, se disait-elle, la « troisième demande de l'Oraison Dominicale, « si fréquemment répétée, ne doit pas être un « vain mot : il faut absolument que ce souhait fait à Notre Père céleste se réalise. Oh ! « oui, mon Dieu, que votre volonté soit faite. » Et elle lisait et relisait en soupirant la lettre de M. le supérieur, en étudiait et en commentait tous les termes ; chacun d'eux lui paraissait une effrayante prophétie ; puis au souvenir des enseignements qu'elle donnait à ses filles sur les avantages de la parfaite soumission, elle jeta le présent et l'avenir dans le divin Cœur de Jésus, se recommanda à la Vierge Immaculée et répondit à M. le vicaire général par un *oui* clairement exprimé et plein de résignation. Nous n'essaierons pas de décrire les regrets et les larmes qui accompagnèrent son départ.

Elle arriva à la maison mère le 4 janvier 1888. Touchée jusqu'aux larmes de la cordiale réception que lui firent les sœurs, elle exprima à son tour la joie de les revoir. L'un de ses premiers soins fut d'aller à Piolenc tranquilliser par sa présence la vénérée malade qu'elle trouva considérablement débilitée depuis leur dernier entretien à Nice. Son cœur souffrait de la position pénible où elle voyait sa supérieure. Celle-ci, devinant sa pensée, lui dit : « Ne vous inquiétez pas pour moi ; je suis ici « pour faire la volonté de Dieu. Je le prie de « vous conserver cette belle santé dont vous « jouissez ; elle est très utile à notre congréga- « tion. En attendant que les desseins de Dieu « se manifestent, faites comme si je n'étais pas « de ce monde. Cependant je crois devoir « vous dire que le changement de sœur*** se- « rait nécessaire ; consultez, à ce sujet, M. le « supérieur. »

L'assistante dit adieu à la vénérée malade, en jetant sur elle un regard attendri, presque désespéré. De retour à Avignon, encouragée par les paroles qu'elle avait recueillies sur les lèvres décolorées de la digne Mère et par les bons procédés de ses chères avignonaises, elle reprit sans hésiter le maniement des affaires, comme si elle ne l'eût jamais quitté.

Avant de se remettre à l'œuvre, elle se fit un devoir d'aller demander la bénédiction de Mgr l'archevêque. Sa Grandeur aborda la question de l'établissement de Paris. Ayant à cœur de le conserver, elle conseilla de faire nommer d'ores et déjà une nouvelle directrice et de reconstituer peu à peu le personnel enseignant.

XVIII

Les derniers jours de la mère Marie-Joséphine Sa mort

Attentives à donner quelques consolations à leur vénérée supérieure, les sœurs de la maison mère et des établissements voisins s'étaient fait autoriser à la visiter de temps en temps.

Un jeudi, quelques-unes se rencontrèrent à son chevet ; elles lui témoignaient leur peine de la voir souffrir et l'assuraient de leur persévérance à demander sa guérison avec ferveur.

Émue de voir dans ses filles une affection si compatissante et si vraie, la pieuse malade donna un signe de satisfaction traduit par des larmes qui s'échappèrent en silence.

Les jours s'écoulaient, et, malgré les prières ardentes, les tendres soins, la mort cruelle et impitoyable avançait toujours de quelques pas. Le 19 mars, au soir de la fête de St Joseph, la communauté de Piolenc terminait la neuvaine d'usage avec une piété pleine de confiance. La bonne Mère aimait tant son glorieux patron (1) ! Ce soir même, elle demanda à manger ; les sœurs qui la servaient virent là un rayon d'espoir.

Le surlendemain, l'assistante vint la visiter et la trouva suçant avec grand appétit la nourriture légère qu'on venait de lui servir (2). Après avoir remercié sa visiteuse, elle lui dit avec une sorte d'assurance :

« Maintenant je ne souffre plus de rien, je
« n'ai besoin que de me fortifier ; tous les

---

(1) Une sœur avec qui elle était assez familière, remarquant qu'elle avait mis sa robe neuve un jour de St Joseph, lui dit : « Ma Mère, vous vous êtes bien faite belle aujourd'hui. » Elle répondit : « Si j'avais une robe de drap d'or et qu'il me fût permis de la porter, je la mettrais le jour de St Joseph. »

(2) Un pied d'agneau.

« jours je ferai deux petits repas comme celui-
« ci. Ah ! si le bon Dieu me rendait la santé,
« je ne traiterais pas mon pauvre estomac
« comme autrefois. » Loin de se réjouir
comme les bonnes sœurs de Piolenc, l'assistante vit dans cette manière de dire et de faire
des symptômes de mort prochaine. Aussi
s'empressa-t-elle de partir pour Avignon, et,
ayant entendu dire que la chère malade désirait recevoir encore une fois la visite de M.
l'abbé Mansis, aumônier de la maison mère,
elle le pria de partir le lendemain à la première
heure pour Piolenc. C'était le 23 mars, fête
de la Compassion de la Très-Sainte Vierge.
Le pieux prêtre se rendit à ce légitime désir
et apporta à la vénérée malade, entre autres
consolations, celle de recevoir de sa main
bénie les derniers sacrements.

Ce même jour elle réunit la communauté
de Piolenc et fit aux sœurs de sages recommandations, appuyant sur la charité en ces
termes : « Je vous dirai comme l'apôtre St
Jean : Mes enfants, aimez-vous les uns les
autres ; soyez charitables, tout dépend de là. »
Les sœurs lui demandèrent sa bénédiction ;
aussitôt elle étendit sur elles sa main tremblante et décharnée, en disant d'une voix relativement ferme : « Je vous bénis de tout
« mon cœur, vous et toutes les sœurs de la

« congrégation. Vous le leur direz de ma part.
« Qu'elles prient pour moi. » Une sœur lui dit avec simplicité : « Ma Mère, il ne vous fait « pas peine de mourir ? » — « Non, je mour- « rais bien volontiers, mais nos sœurs sont si « charitables, si bonnes, elles m'ont tant ma- « nifesté leur désir de me voir revenir à la « santé, que je me résigne à tout. »

Le mercredi saint, 28 mars, ses forces l'abandonnaient rapidement. Pour sa consolation et celle de ses filles, M. le docteur revint une dernière fois ; la mourante jeta sur lui un regard significatif et dit d'une voix presque éteinte :

« M. le docteur, je vous remercie de vos « soins dévoués ; vous avez agi en homme « intelligent, mais le bon Dieu dispose de moi « selon sa volonté. Il est le maître. »

Le docteur touché et attendri répondit, les larmes dans les yeux : « C'est la première fois « qu'un mourant me remercie. »

Le jeudi saint, 29 mars, la chère Mère demanda de faire ses Pâques pour la dernière fois. On prépara tout pour satisfaire son ardent désir. Son amour pour Notre-Seigneur lui faisait trouver bien long le temps nécessaire pour apporter de l'église la sainte Eucharistie, et elle disait en gémissant : « Mon Dieu,

« M. le curé reste bien..., on me laissera
« mourir sans avoir fait mes Pâques ! »

Cette suprême consolation lui fut accordée. Après avoir reçu la sainte hostie, son recueillement était si profond, qu'on se demandait si elle vivait encore ; puis, ouvrant les yeux après une demi-heure environ, elle dit : « Oh ! le ciel, le ciel, le ciel ! faut-il retourner ?... » Ce furent ses dernières paroles ; elle s'affaiblit insensiblement, ses yeux se voilèrent, et le soir même sa belle âme paraissait devant Dieu, parée de vertus et de mérites.

Une mort si édifiante et si sainte ne pouvait manquer de faire une salutaire impression.

Les obsèques de la Mère bien-aimée furent célébrées à Piolenc, le samedi, veille de Pâques, dans l'après-midi. Son âme dut chanter l'alleluia éternel, en union avec l'Église triomphante et l'Église militante, pendant que ses filles versaient des larmes en accompagnant au tombeau sa dépouille mortelle. M. l'abbé Mansis et quelques prêtres des environs assistèrent aux funérailles ; les sœurs des pays voisins y étaient aussi, avec une nombreuse phalange détachée de la maison mère. Beaucoup de fidèles suivaient pieusement le cortège, comme pour témoigner hautement leur attachement pour la congrégation.

L'intérim fut de nouveau confié à la première assistante, celle qui devait deux mois plus tard accepter humblement tout le poids de la lourde charge de Supérieure générale.

L'auteur de cette histoire, l'ayant vécue durant près d'un demi-siècle, laisse à une plume plus jeune et plus habile le soin de la continuer. Elle demande au lecteur, avec son indulgence, une petite part dans ses prières.

ERRATA

Page 179, lignes 6 et 8, au lieu de : *en nous faisant les auxiliaires des minutieuses précautions qu'elles prenaient dans.....,* lisez : *en nous faisant leurs auxiliaires dans les minutieuses précautions qu'elles prenaient en.....*

Page 267, ligne 7, au lieu de : *il va compter,* lire : *conter.*

Page 283, ligne 26, au lieu de : *suffisent,* lire : *suffirent.*

Page 287, ligne 4, au lieu de : *sanites prières,* lisez : *saintes.*

Page 294, ligne 10, au lieu de : *Bessus,* lisez : *Bassus.*

Page 316, note, au lieu de : *Apparitions de la B. Marguerite-Marie,* lisez : *Apparitions à.....*

Page 331, ligne 10, au lieu de : *le vénéré fondateur ne l'aurait pas voulu,* lisez : *ne l'avait pas voulu.....*

TABLE DES MATIÈRES

Pages

Dédicace 1

PREMIÈRE PARTIE
LE FONDATEUR

I. Sa Jeunesse	3
II. Son Sacerdoce..................................	9
III. L'Exil	11
IV. Retour en France. Vicissitudes................	15
V. Reprise du service religieux	21
VI. Confrérie des Pénitents blancs................	23
VII. Nomination définitive à la cure de Piolenc. Zèle..	24
VIII. Projet de fondation.........................	29
IX. Sa dévotion au Saint-Sacrement de l'autel	33
X. Son amour pour la Sainte-Vierge	35
XI. Ses vertus....................................	38
XII. Sa charité pour les malheureux...............	39
XIII. Prédilection pour l'enfance.................	42
XIV. Fidélité aux enseignements de l'Eglise	43
XV. Sa mort.......................................	45
XVI. Hommages rendus à sa mémoire.................	49

APPENDICE DE LA PREMIÈRE PARTIE

Départ des Jésuites...............................	51
Episode sur les prisons d'Orange..................	52
Quelques notes sur la famille d'Hugues............	55

DEUXIÈME PARTIE

HISTORIQUE PROPREMENT DIT DE LA CONGRÉGATION

	Pages
I.	59
II. La Fondatrice.....................................	59
III. Premières compagnes.............................	65
IV. Essai de fondation................................	66
V. Formation de la communauté. Règlement de vie...	67
VI. Première maison conventuelle..................	71
VII. Caractère des fondatrices.......................	73
VIII. Développement de l'œuvre.....................	74
IX. Affliction causée par la mort de M. d'Hugues. Courage des premières sœurs	75
X. M. l'abbé Guez succède à M. d'Hugues.......	76
XI. Il continue l'œuvre commencée par M. d'Hugues	78
XII. Vocation de la Mère Thérèse de Jésus........	79
XIII. Maladie de Mademoiselle Aubert, fondatrice...	83
XIV. Séjour à Saint-Ambroix.	85
XV. Visite de M. Guez.............................	87
XVI. Retour de la fondatrice à Piolenc. Espoir.....	93
XVII. Construction de la première chapelle........	94
XVIII. Première cérémonie de vêture................	95
XIX. Accroissement du personnel. Anxiété de la sœur des Anges...............................	99
XX. Acquisition des ruines de l'ancien château.....	100
XXI. Dernière maladie et mort de la mère fondatrice	103
XXII. Première élection de la mère Thérèse de Jésus	107
XXIII. Douleur. Regrets	110
XXIV. Début du gouvernement de la Mère Thérèse de Jésus..	112
XXV. Premiers établissements hors de Piolenc......	114
XXVI. Nouvelles épreuves. Procès. Incendie.........	115
XXVII. Première autorisation pour l'enseignement primaire.......................................	117
XXVIII. Fondation de l'hôpital	118
XXIX. Premières sœurs converses....................	119
XXX. Origine de la tribune de l'église de Piolenc....	120

TROISIÈME PARTIE

Pages

I. Sollicitudes de M. Guez pour l'avenir de la Congrégation.................................... 123
II. Retraite de Mgr Perrier, évêque d'Avignon. Nomination de Mgr de Mons, archevêque................ 125
III. Premières démarches pour faire approuver les constitutions. Résultats satisfaisants................. 125
IV. Progrès rapides de la maladie de M. Guez. Sa mort. 130
V. Protection spéciale de N.-D. des Grâces............ 134
VI. Nouvelle affliction. Confiance récompensée........ 136

QUATRIÈME PARTIE

I. Autorisation légale des constitutions. Ordonnance du roi Charles X................................ 141
II. M. Sollier, vicaire général, visite la maison de Piolenc.. 143
III. Première cérémonie de profession................. 144
IV. Projet de transfert du Noviciat. Avis partagés.... 146
V. Nouvelle élection de la Mère Thérèse de Jésus... 147
VI. Obstacle au transfert. Mort de Mgr de Mons...... 148
VII. Reprise du projet. M. Guérin, curé de St-Siffrein. 149
VIII. Opposition ouverte. Renvoi de sujets............ 153
IX. Modification au costume religieux, approuvée par Mgr d'Humières................................ 153
X. Nouvelles réclamations........................... 155
XI. Soumission des opposantes au nouveau costume. 156
XII. Départ définitif pour Carpentras................. 157
XIII. Hostilités....................................... 158
XIV. Dévouement de M. Sollier, vicaire général. Autorisation de l'établissement de Carpentras. Mgr Dupont.. 159
XV. Insubordination.................................. 160
XVI. Fin de l'épreuve. Quatrième élection. M. Barret, supérieur ; son action bienveillante............ 164
XVII. Projet d'établissement à Avignon................ 166

CINQUIÈME PARTIE

		Pages
I.	Monseigneur Naudo. Établissement des Filles de la Conception à Avignon	171
II.	Révolution de 1848	178
III.	Mort de Monseigneur Naudo	180
IV.	Disparition d'une sœur	182
V.	Deuxième République	187
VI.	Craintes pour l'avenir de la Congrégation	192

SIXIÈME PARTIE

I.	Arrivée de Monseigneur Debelay	195
II.	Nécessité d'un aumônier en titre. M. l'abbé Bertrand	198
III.	Construction du pensionnat d'Avignon. Résultat inespéré	200
IV.	Fermeture de communication avec la Congrégation des hommes	202
V.	Accident déplorable	206
VI.	Bénédiction de la chapelle	207
VII.	Huitième élection de la mère Thérèse de Jésus. Retraite. Choléra	208
VIII.	Fête solennelle à l'occasion de la proclamation du dogme de l'Immaculée Conception	210
IX.	Révision et impression de la règle	212
X.	Départ de M. Barrère. M. Clément, vicaire général, lui succède en qualité de supérieur	214
XI.	Inondation du Rhône	214
XII.	Agrandissement du Noviciat	218
XIII.	Le couvent d'Avignon est autorisé par Napoléon III comme siège social	218
XIV.	Fausse mystique	219
XV.	Développement de la Congrégation durant le généralat de la mère Thérèse	220

SEPTIÈME PARTIE

Pages

I. Mère Sainte-Eugénie, son enfance, sa vocation... 223
II. Sa première élection, son généralat............... 226
III. Inauguration de Notre-Dame des Doms........... 231
IV. M. le chanoine Bertrand nommé curé d'Apt, M. Mathieu lui succède comme aumônier.......... 233
V. Grave maladie de la mère Sainte-Eugénie. Affliction de ses filles................................ 236
VI. Acquisition et bénédiction de l'hôtel de Murs..... 238
VII. Maladie et mort de Monseigneur Debelay........ 242
VIII. Mgr Dubreil succède à Mgr Debelay.............. 245
IX. Confirmation de la révérende mère Ste-Eugénie dans la charge de supérieure générale.......... 246

HUITIÈME PARTIE

I. Sœur Saint-Ignace................................. 249
II. Dévouement de M. Brémond, curé des Carmes..... 251
III. Deuxième élection de la révérende mère Ste-Eugénie. Qualités de M. l'abbé Mathieu.............. 254
IV. Acquisition du grand jardin, rue Pont-Trouca..... 256
V. Guerre avec la Prusse. Dévouement des religieuses 256
VI. Dernière maladie et mort de la mère Thérèse de Jésus... 258
VII. Générosité des élèves............................. 262

NEUVIÈME PARTIE

I. Laïcisations. Nouvelles fondations................ 263
II. Nice : Les religieuses bénédictines, Mgr Sola, le R. P. Vincent.................................. 263
III. Départ.. 272
IV. Épreuve. Sœur Jeanne-Françoise.................. 274

	Pages
V. Etablissement des sœurs à Paris	275
VI. Mort de M. le chanoine Naudo	282
VII. M. Le Hardy est nommé évêque de Laval. Reconstruction de la maison de Paris	284
VIII. Nice. Fâcheux accidents	288
IX. Transfert de l'école communale. Démission de Mgr Sola. Mgr Balain lui succède	291
X. Monseigneur Dubreil, sa maladie, sa mort	296
XI. Monseigneur Hasley	297
XII. Nice, projet de construction	301
XIII. Laïcisation de l'école Saint-Augustin. Ouverture d'une école libre	302
XIV. Construction du pensionnat de Nice	306
XV. Troisième confirmation de la mère Ste-Eugénie dans la charge de supérieure générale, dépérissement de sa santé	308

DIXIÈME PARTIE

I. Mort de M. le chanoine Bertrand, archiprêtre d'Apt. M. l'abbé Mathieu, aumônier de la maison mère, lui succède. Regrets que cause son départ	311
II. M. l'abbé Mansis, curé de Jonquières, succède à M. l'abbé Mathieu dans les fonctions d'aumônier	314
III. Mgr Hasley est nommé archevêque de Cambrai. Ses dernières visites à la maison mère	316
IV. Etat grave de la mère Ste-Eugénie, ses derniers moments, sa mort	317
V. La première assistante est chargée de l'intérim. Mgr Marie-Ange Vigne succède à Mgr Hasley	321
VI. Première visite de Monseigneur Vigne	324
VII. Vacances	325
VIII. La mère Marie-Joséphine est nommée supérieure générale ; son gouvernement	326
XI. Départ du R. P. Vincent. Maladie du P. Louis, sa mort	333

		Pages
X.	Voyage de la supérieure à Avignon. Son retour à Nice. Le tremblement de terre. Dégâts........	336
XI.	Première communion. Les Pères de l'Assomption quittent Nice...............................	343
XII.	Mort du R. P. Vincent, récollet.................	345
XIII.	Nomination d'un aumônier	348
XIV.	Réparation et agrandissement de la chapelle....	348
XV.	Maladie grave de la révérende mère Marie-Joséphine. Sa dernière visite aux établissements de Nice..	350
XVI.	La mère Marie-Joséphine retourne à la maison mère. Son départ pour Piolenc. Elle rappelle sa première assistante..........................	353
XVII.	Départ de la supérieure de Nice. Sacrifice.......	355
XVIII.	Les derniers jours de la mère Marie-Joséphine. Sa mort..	358

www.ingramcontent.com/pod-product-compliance
Lightning Source LLC
Chambersburg PA
CBHW060614170426
43201CB00009B/1014